U0654941

任洪渊

1937—2020

第三个眼神

任洪渊全集

— 诗歌卷 —

任洪渊 著

江苏凤凰文艺出版社

JIANGSU PHOENIX LITERATURE AND
ART PUBLISHING

图书在版编目（CIP）数据

任洪渊全集. 第三个眼神·诗歌卷 / 任洪渊著. ——
南京：江苏凤凰文艺出版社，2022.7
ISBN 978-7-5594-6132-2

Ⅰ.①任… Ⅱ.①任… Ⅲ.①任洪渊（1937-2020）
–全集②诗集–中国–当代 Ⅳ.① C52 ② I227

中国版本图书馆 CIP 数据核字（2021）第 237990 号

任洪渊全集. 第三个眼神·诗歌卷

任洪渊 著

责任编辑	张　倩
特约编辑	里　所　修宏烨
装帧设计	周伟伟
出版发行	江苏凤凰文艺出版社
	南京市中央路 165 号，邮编：210009
网　　址	http://www.jswenyi.com
印　　刷	河北鹏润印刷有限公司
开　　本	880 毫米 ×1230 毫米　1/32
印　　张	7.25
字　　数	131 千字
版　　次	2022 年 7 月第 1 版
印　　次	2022 年 7 月第 1 次印刷
书　　号	978-7-5594-6132-2
定　　价	52.00 元

江苏凤凰文艺版图书凡印刷、装订错误可随时向承印厂调换

目录

永远的十八岁

汉语红移

司马迁的第二创世纪

女娲 11 象

黑陶罐

下卷 第三个眼神

第三个眼神

上卷 女娲的语言

找回女娲的语言

一个诗人的哲学导言

人：本体的黑暗 / 语言的自明

非常好，我 13 岁才有父亲，40 岁才有母亲。大概没有什么情结或者恨结束缚着我的童年。我不必害怕，因为我没有母亲可恋，也没有父亲可弑。那么长久地，我连找都找不到他们，又有什么罪恶的恐惧需要逃避？既无须像那个王，离乡背井地逃亡；也无须像另一个王子，在智慧和行动、复仇的意识与自谴的潜意识之间痛苦地犹豫。孤独的童年把生命原初的力埋得很深很深。需要等一次发自生命最深层的巨大震动，而且对我来说要等到 40 岁之后。

等我遇见她，F.F.

我们相遇了。生命的一次微颤就突破了全部神圣的禁锢。一种美学就在那相视的一瞬间产生了。这里暂且不谈那双眼睛，洪水后最早的黑陶罐存下的一汪清莹。也不谈那多梦的额角，将使所有白色大理石都低下冥想的头，倾听。当时我觉得，不仅是我，还有那么多美丽过世界的女性，连蒙娜·丽莎，都从时间的暗影下注视着她。仿佛她们能否再青春一次，美丽一次，就完全看她是否也对她们回望一眼了。尽管有水，火，时间和死亡，蒙娜·丽莎的笑在她的唇边，没有成灰。不是由于蒙娜·丽莎神秘的笑，她的唇边才有笑的神秘。相反，是由于她笑了，蒙娜·丽莎的笑才没有在嘴角枯萎；不是蒙娜·丽莎的笑照亮了她的面容，而是她的笑照亮了蒙娜·丽莎的面容。她的笑才是最初的。因为她，画里，诗里，神话里，甚至埋葬在厚厚的坟土里的迷人女性，再一次活在我们的四周，与我们相追逐。

在她的面前，从宋玉《高唐赋》中走出的神女，立即死了。宋玉的高唐梦，曾经是一个美的极限，从那以后，中国每一个飘载着女性的想象似乎都再也飞不过神女高唐的高。已经晚到 1982 年了，参加秭归诗会的当代诗人们船过巫峡巫山下，我发现，就没有一个现代眺望不顿时掉进宋玉高唐的古典里。但是在她的面前，巫山云雨藏着的，不过是一块又瘦又冷的石头。一个已经够了。望夫石，神女峰，阿诗玛的黑色石林……我的土地，再也负担不起一个冰冷成石头的期待和呼唤。这块土地背着太多无思又无梦的石头的沉重。更不用说还有多得无可计数的神们的碑，佛们的塔，帝王们的陵墓，和倒在荒草中的一朝又一朝宫殿的断柱了。她改变了宋玉们的美学。代替宋玉们缥缈在山山水水间的幻影和无望的守望与无期的期待，她的形象把现代美学带给了长江和黄河，燕园和清华园，王府井和南京路。作为我的纪念碑，代表今天。

在她的面前，我开始了没有第一次青春的第二次青春。不曾有过花朵，就开放一场初雪吧。**水的燃烧，雪的缤纷。**由河里的浪，到海上的潮，再到长满蓝天的白色的花萼，几度空间又几度时间，**纷纷的白火焰，烧毁了冬天。**一场最后的也是最高的花。但是，这仍然是生命的光华灿烂的亮层。沉入生命的深层就像进入太阳中心一样黑暗。生命本体是一块黑色的大陆。生命也和太阳一样，不能被照亮，只能自明：由生命自身的语言之光。

好像是早已安排好的，由我一岁的女儿 T.T 来给我再现女娲的语言。1986 年初夏的一个晚上，我抱她到阳台上去玩，并非在等待什么奇迹的发生。她已经开始学语。她的小手指着夜空最圆最亮的一点。那是什么？月亮。她便欢呼地叫着：月亮，月亮。在她的叫声里，抛在我天空的那么多月亮，张若虚的，张九龄的，李白的，苏轼的，一齐坠落。天空只留给我的女儿升起她的第一轮明月。这是她的月亮。她给自己的月亮命名。从一岁到两岁，她天天都在给她的新世界命名。她的生命——世界——语言一同在生长。

她只不过从我这里借去了语音的符号而已。仅仅是声音。她把语言不堪负重的历史和文化的陈旧意义，全部丢在她童年世界的外面，尤其是当她即兴自言自语自唱的时候，她连语音都不必向我们——向成年的甚至衰老的世界借用了。那是她自由创造的语言：是生命的天然声韵，节奏和律动。我不能理解却能够共鸣，像音乐——上帝的语言一样。

可惜，在她和母体之间，由于不能像剪断脐带一样剪断的语音的连结——精神的血缘，历史和文化的世界很快就会压垮她的童年。她今晚升起的月亮仍然落在古老的天空。她一岁开始建立的依旧是一个几千年的世界。

不过我此时此刻在倾听她的童音。白发的年岁这么近地俯看着自己的第二个童年。苍老的人类回顾着创世纪。我的第一个童年，像神话时代一样遥远而不可知。我在回忆中找到的是一个老了的孩子。而今夜，我女儿的那一声声"月亮"，震落了别人抛在我天空的一切，震落了年岁和历史，语言支撑的古老的世界倒塌了。这是一个生命充实的虚空，一个创世纪的开始。我能第二次找到女娲的语言吗？我已经把衰老的语言交给了女儿，不知道是否能够再从她那里接过从生命中重新生长出来的语言。这场更新语言的童年游戏将有怎样的结局？只有这一次，我再不会有第二个童年了。

再没有比这更好的安排了：她和她的女儿，F.F和T.T，一个引我沉入生命本体的黑暗，一个为我升起自明的语言之光。因为她们，我才能够在40岁以后，和一个又一个20岁一起，一次又一次开始。人面对着一重又一重两难的相悖的困境。既然她们从我面前朝前走去，留给我的唯一的选择就是征服：生命／文化。空间／时间。今天／历史。语言的叛乱／征服，有言／无言。

生命／文化

人使生命成为一种文化形式。或者说文化的生命形式就是人。连大自然都被人文化化了。我们一诞生，就生活在文化里，生活在前人的思维方式感觉方式即他们的语言方式里。天上的地上的通向神通向人的路，早已被屈原走完。陶渊明的那朵菊花温暖了每一轮带霜的夕阳。张若虚抛起的月亮最大。泰山是杜甫的高度。在天上的黄河奔流成李白之后，后来的苏轼就赶忙浪涛成长江。而美丽的，少女的血已在李香君的扇上开成桃花，泪花则在林黛玉的黑眼睛里开得最灿烂。青春的梦已在《红楼梦》里做完。女娲之后的一切都陈旧了，还剩下什么留给我们第一次体验第一次命名？

我们走进的只是前人的语言世界。我们只不过在前人的文字中流连忘返。我们越是陶醉，就离自然界的真实和生命本体的真实越远。

而且我们的生命开始衰老。我们当然曾经有过一个英雄的时代，但是古战场上的英雄一个个走进了《史记》。在那个铁战胜铜的时代，雄伟的，齐楚燕赵韩魏的兵戈，还有朱亥的锤，鲁仲连的箭，荆轲的匕首，都已被秦始皇收去，铸成十二尊巨大的铜人，胜利纪念像般结束了一个时代。的确也只有十二座金人才配作那个英雄时代的纪念碑。战国：百家和列国，学派和战场，雄辩和刀剑。自由的生命，一些人用头脑和智慧，另一些人用唇舌和语言，更多的人用身躯和热血，完成自己。项羽是英雄时代的最后一个英雄。历史在等他推倒十二座铜像的力。等他把秦代的黑色焚烧成七百里的大火，照亮太阳照不亮的黔首。等他最后一剑砍下自己的头，点燃自己的一柱血，照亮生命：那是原始生命力的最后一次辉煌闪耀。等他倒下，一个巨人的时代也就完成了。可以长出百家的头，却只有一颗心。剑，横在头与心之间。乌骓马踏痛了今天。

先秦青铜的狞厉，盛唐石刻的静穆，宋塑的温润，明清文人画上的空绝与孤寂——历史向上的路也就是生命向下的路，也许转折发生在宋代。在山西太原晋祠圣女殿，一个压抑着的宋代冲动，还撞击着今天。她。四十八种美丽一齐朝我走来，哪一个是她？四十八种美丽也走不出丝绸，一层东方的柔软。一块块再捏不出男子汉的泥土，古典成了宋瓷。她的影子倒映在清代，金陵十二钗又十二钗又十二钗又十二钗，四十八种美丽也没有使贾宝玉成为男子汉。没有一个男子汉。石头。泪水，笑声，雪，一半还未开成蔷薇的刺，刻出春天红梅的剑锋，都刺痛不了刺伤不了这块石头。儒家的修身，道家的空幻，释家的轮回，生命已经还原为石头。一份有趣的社会调查询问当代少女：在世界文学名著中她们最不喜欢的男主人公是谁，贾宝玉！这是曹雪芹在地下等了二百多年才等到的回答。胜过了旧红学和新红学，当代少女们用黛玉宝钗湘云晴雯尤三姐们一样的幻灭，解构了曹雪芹的辛酸泪和荒唐言。

回到女娲。人首蛇身。**我终于从野兽的躯体上，探出了人的头。**我靠爬虫的蠕动，靠野兽的爪和蹄，走出洞穴，走出森林。但是我拖着庞大兽身的头，是不自由的，爬行的肢体也拖着我的思想贴着地面爬行。完成和自然的分离，兽的最后一步也是人的最初一步。在野兽的脊骨上支撑的人的头，逃出兽群和野蛮的野兽的腿：头与身——文化与生命的永远的分裂和冲突与生俱来。是身躯吃掉自己长出的同己又异己的头，还是头压垮自己走出自然又走回自然的脚？头与身的永远的战争。这是人的第一悲剧。

我们还是来看头与身——文化与生命的最近一次冲突，分离，重新相互寻找。不是什么哥白尼的太阳中心说击毁了人的宇宙中心位置，相反，正是在哥白尼的意大利天空下，人才第一次抬起了自己的头。正是在哥白尼找到了太阳的位置之后，人才找到了自己的位置。人的头靠向太阳，神殿冷寂，王座空虚。但是庞大的头颅压倒了身躯。失去支撑的头将像失去引力的星一样垂落。头颅开始寻找自己的躯体。也不是什么达尔文物种上升的线开始了人的尊严下降的线，相反，正是在达尔文进化的终点，人复杂的躯体才代替自己简单的头脑整体地思考起来。生命的冲动压倒了思维的理性。开始了头对肉体的膜拜：弗洛伊德"性"的一神，还有"利己主义与利他主义"的二神，"贪婪，恐惧和荣誉"的三神……肉体本能崇拜的神已激增到几十个，而且有增无已。人的身躯膨胀而头颅缩小。头与身的又一次颠倒，颠倒再颠倒。

我们这个世纪还没有过去。匆匆地，第一批人来宣布上帝死了，第二批人来宣布人死了，第三批人来宣布什么，宣布死亡的死亡——但那已经是生，是复兴与重建，现在又还远远不是时候。1900 年的尼采，强力意志的软弱生命死在永恒的日神精神酒神精神里。过了 30 年，1933 年的海德格尔，生命澄明在纳粹党的晦暗中。还有，从 1915 年的卡夫卡变成大甲虫，到 1967 年的马尔克斯长出猪尾巴，人已经异化到头也还原到头。这是人从形而上到形而下、从哲学到文学的双重危机。他们可能是本世纪最后一批想拯救自己、想成为上帝和人的灵魂。现在，第三批人来了，还有什么可干：再让尸首死亡成骷髅，再把废墟毁灭得瓦砾不留，分崩离析的世界只剩下历史与文化的碎片。没有上帝没有人。一个再没有破坏对象没有创造对象的世界只有难堪的寂寞。他们只好在旧世界的残垣断壁和断简残篇上东拼西凑：分离与重组，断裂与混同，并置与变位，仿古与复制，一个碎片拼贴的文化时代。

也许这就是 F.詹姆逊所界定的"没有深度，没有崇高点，以及对历史遗忘"的后现代世界和后现代人。比起中世纪的宗教禁绝，当代人对自己历史和文化的自由遗忘，更加彻底。当年等待复兴，毕竟在中世纪的瓦砾和焚书的灰烬下，还埋藏着羊皮书和手抄本，保留下来了人类童年的古希腊梦。而现在已经解构到 0。人可以无牵无挂地走进 J.德里达打开的后现代的自由之门——"0度创作"之门了。不错，20 世纪末的解构，解构了一切，解构了解构，地球正转向 0，这可能是一次不复制任何陈迹的真正创造的开始。

"碎片文化"也就是后现代文化？时间，如果对古典主义是不断川逝的过去，对现代主义是现在与过去"同时并存"的艾略特秩序，那么，对后现代主义，则是在现代与传统互撞中的时空碎片。但是，到底是什么在崩毁：是传统的碎片压倒了现代，还是现代把传统挣破成碎片，或者，是现代与传统同毁为碎片，我宁愿它是第二而不是第一和第三。也许，这是生命中时间意识的又一次高涨，现代人用自己的"现代"霸占全部历史的时空：无穷无尽的解构与重组，把以往文明的一切，连一块残砖断瓦都不剩下，作为新的材料，构筑自己"永远现在时"的生命世界。的确是生命的。在许多碎片文学和碎片艺术面前，我看到的不是文化的碎片掩埋了人的尸骸，而是人的生命又一次复合了支离破碎的世界。因为我在这些碎片上触摸到的，往往不是死灰般的冷寂，却常常是生命震撼的力度与热度。

生命从反文化始，却一定以成为一种文化形式终。人不能不是一种文化形式——上升为文化的生命和转化为生命的文化。从发誓不烧掉所有的图书馆和博物馆决不罢休的查拉的 DaDa 们算起，一场一场的反文化莫不是一种文化。为否定一切书而成了一本书。为轻蔑一切文物而成了一件文物。这第一度的反文化是生命的天赋。当生命作为一种文化形式存在，第二度反文化也就开始了：作为一种文化去与以前的和以后的全部文化抗衡——书对书。画对画。音乐对音乐。雕塑对雕塑。建筑对建筑。但是，在屈原抱起昆仑落日以后，你已经很难有自己的日出。在庄子飞起他的鲲鹏之后，你已经很难有自己的天空和飞升。在孔子的泰山下，你已经很难成为山。在李白的黄河苏轼的长江旁，你已经很难成为水。晋代的那丛菊花一开，你生命的花朵都将凋谢。

但是你必须有自己的地平线，远在前人的视野之外。而且，后来者如果不能突破你的地平线，他就别想走进自己的天地。

时间 / 空间

人从埋葬自己同类尸体的那一天觉醒了空间意识和时间意识。没有第二种生物收殓自己的遗骨。地上耸起的第一堆坟土就宣告了生的悲惨。在第一座坟墓前，人开始了面对死亡的沉思。永远以短暂抗拒永恒，以有限抗拒无穷，是人的第二悲剧。

可惜，赫拉克利特说他不能两次涉过同一条河的时候，竟忘记把这句名言说完：他也不能两次回到同一个岸。这是西方哲学严密的遗缺。河在流逝，岸也在流逝。在时间的赫拉克利特河上，空间的岸支离破碎地陷落。同样，赫拉克利特的太阳每天都是新的，他的天空也每天都是新的。太阳是时间的意象也是空间的意象。每天一片新的天空，把赫拉克利特的时间之线切断成点——一天一个太阳——一天一个落日，滚下。

赫拉克利特的河永远流在西方哲学里，而岸呢？太阳每天都是新的，而天空呢？其实，时空同一。既不存在没有空间的时间，也不存在没有时间的空间。时间涌动，空间在塌陷；而一层一层塌陷的空间，也把时间寸寸断裂。一瞬时间就是一片空间，一片空间就是一瞬时间。我们没有西方几何的头脑，以为有三维空间的房子，在等它变动不居的主人——时间，只有时间作为空间的一维，四维空间才构成一个运动变化的世界。我们似乎不想自讨苦吃，为一个原本无形的世界建立自己有形的思维维度，囚禁自己。同样是以水为喻的水边哲学，我们只作庄子式的望洋兴叹就心满意足了：由河的波澜到海的汪洋，河汇入海，海汇合河，一重时空展开另一重时空。

我在武昌上中学，家住在汉口。几年里，我每周都要两次乘船渡过长江与蛇山互相撞断又互相连结的地方。我觉得，是我的船在来来回回把断了的江和山连结起来。在古黄鹤楼的旧址，看山的一线无首无尾，江的一线无始无终，自己便沉落在江与山互相穿越的无穷大的"十"字里：是时间，是空间，无限神秘的宇宙意识。好多年之后，康德《纯粹理性批判》结尾的沉思震撼了我："头上是灿烂的星空，胸中是道德的规律：此二者令我满心惊奇而敬畏，思之愈久，念之愈深，愈觉其然。"不管是不是曾有一个伸向星空的教堂尖顶的十字启示过康德，对于我，长江与蛇山相交的十字确实是一个天启的奥秘。

　　既然一个少年曾在这个相交点上站立过，仰望过，俯视过，那么，脚下江与山无边的十字和头上青空无限的圆，就是一个坐标，一个指向，结构了他的宇宙。

　　黄鹤楼正耸立在十字的坐标上。不同于西方教堂的尖顶，也不同于东方佛的圆塔，我的楼连结着现实与超现实的两极，在这里耸起，倒塌，倒塌再耸起。一重又一重时空崩塌在江与山的十字下，留太阳月亮龙蛇的影子在墓穴里，留死亡给金缕玉衣保存。而永恒的十字支撑着新的时空。我早就选择了长江和蛇山相交的地方，最古老的发射角，一朵楚天白云暗示我，把自己的直觉远射为黄鹤。鹤影，追回散落在天外的每一颗星，如一种可读的符号文字，组成宇宙的新秩序。我的楼穿越身上的十字和头顶的圆，接一只只自由的黄鹤追我的黄鹤。

我感到侥幸的是，黄鹤楼上的李白只顾抬头望他的明月；而东坡赤壁，东望武昌，竟与黄鹤楼咫尺千里。他们把黄鹤、十字和圆留给了我。

人怎么能不放飞自己的黄鹤？人是注定被无限的空间与无穷的时间无可挽回地遗弃了。何时何处是他永久的居所，如果他不放出自己的黄鹤，追回自己生命的时间和空间，他将凭什么对抗绝对的空虚与绝对的孤独？

我到了北方。地平线旷远，落日浑圆。地平线和落日，还是那个十字和圆。不管走到哪里，不管离黄鹤楼多么远，我是永远也走不出长江与蛇山相交的神秘的十字和圆了。恢宏的宇宙感打破了时间空间的一切间隔。在北方，我一天一次面对地平线与落日的晚霞乱飞的撞击。落日撞沉了地平线，也把地平线浮着的天空撞沉在暮色苍茫里。地平线上涌动的黑暗淹没了落日，也淹没了落日落下的一天。站在北方的落日与地平线之间，我每天都被最明亮地碰击一次，也被最黑暗地沉落一次。夕阳，把我和李商隐，拉到同一条地平线上。黄昏涨着，从他的眼睛涨过我的眼睛。就是这一次落日落成了永恒，半沉的，在他的天边在我的天边。……而我把我的夕阳抛下了，抛成一个升起，给另一个天空。我的升起会降落为他们的夕阳，在他们的天空下和我共一个黄昏。夕阳与地平线，时间与空间，互相垂直、相交、重合，同一：冲突的十字与和谐的圆。同一个夕阳，撞沉了所有的地平线，空间消失了，或者所有的空间重叠在一瞬间——时间化的空间，是永恒。同一条地平线，淹没了所有的夕阳，时间消失了，或者所有的时间汇入一片空间——空间化的时间，是永恒。

无时空体验也许是生命最神奇莫测的秘密了。当生命在这一瞬间突然明亮起来，时间和空间对生命整体的无穷无尽的切割与分裂便消失了，消失在这一瞬间的一派澄明中。时间从前面涌来，冲倒了我的今天，冲倒了二十岁，三十岁，四十岁，倒进历史。时间涌过，空间在崩溃。还是第一次月出，第一个秋，第一座南山，第一杯酒。第一个人。第一个人。第一次生命。时间和空间由你开始由你结束：时间的 0 度和空间的 0 度。这一瞬间就是此刻就是最初就是最终。这一片空间就是此地就是来处就是归处。这是生命最纯净的显现：是创世也是终古。

故乡在哪里，空间化的时间和时间化的空间，空间的 0 度和时间的 0 度，可能是被无限的空间和无穷的时间抛弃的人，所能为自己建立的唯一的一个永恒的自由的家园。这种非宗教非哲学非美学亦非心理学非生理学非物理学的纯粹生命体验，就是东方智慧"生命时间"的秘密。让愿意成佛的成佛，愿意当上帝的当上帝。人只还原自己就足够了。还原在空间化的时间和时间化的空间，空间的 0 度和时间的 0 度。天国与地狱，此岸与彼岸，都在今生在此身。毁灭与创造，沉沦与超越，同在人自身。一生就是整个宇宙和全部历史。

今天／历史

我们遗失了今天。因为历史留住了我们。

中国诗人要有历史意识，不必等到 25 岁之后。27 岁就早死的李贺也活了几千年的历史。有那么多秦王喝月倒行的醉，汉武帝铜入铅泪的重，如烟如幻的苏小小的轻，让他经历不尽历史的长。

在我的故乡四川邛崃（古临邛），我一步就走进汉代，走进司马相如堆砌成了赋的岁月。我从小就吃着汉代的盐。历史一直停在汉的盐与铁里，停在卓文君、司马相如的琴与赋，井与酒里。

我的大学在北京西北郊。蓟门。幽燕。这里的太阳早被古人白了冷了。这里的天空早被历史寥廓了凛冽了。我也在这里的剑气和筑韵里慷慨悲歌。我总想在幽州台上量一量我寂寞的高度，悲怆的高度；我尤其想在诱人的黄金台上量一量我知识分子的现代价值。尽管幽州台连残迹都没有留下，但我时时回头，总想碰见幽州台上那双最孤独的眼睛，碰掉眼眶里的千年孤绝。一千年又一千年，一双双被时间隔断的眼睛，自己燃烧又自己熄灭了。幽州的白日，被距离隔成孤零零的眸子，寒冷得发亮。仰起头，接滚过幽州的泪滴从我的脸上落尽，尽落谁的脸上？

在这块土地上，我们生存的困境，不在于走不走得进历史，而在于走不走得出历史。我们的生命只是复写一次历史而不是改写一次历史。这是我们独有的第三悲剧。我们总是因为寻找今天的历史而失掉历史的今天。总是那些埋葬在秦汉古墓中的人物使我们生活在秦与汉，而不是我们把秦汉人物召唤到今天。总是他们改变了我们的面影身姿语言，而不是我们改变了他们的面影身姿语言。我们总是回到历史中完成自己，而不是进入今天实现自己。我们的生命在成为历史的形式的同时丧失了今天的形式。

我生命的一半，流浪在历史的乡愁里，另一半，漂泊在空幻的未来。就是没有今天。我只好敞开自己的天边，老让王勃的落霞挂着；敞开自己的四月，老让李贺的红雨乱落。我要有自己的一个滂沱的雨季，落尽过去的云。要有一个很深的夜晚，深得足以沉下过去的每一个黄昏。帕斯卡尔有他的"火之夜"，用生命的一场大火照见了他的上帝。我等待着自己创世纪的第一个早晨。我把自己的苦闷和无边黑夜的一角，揉痛了，揉红了，红成第一只雄鸡的冠，昂起我的第一个黎明。时间开始了。第一个早晨。我把自己的太阳，挂在死亡挖得空空洞洞的眼眶，一齐挣开这个早晨，充满了现实。今天破晓。在今天的太阳下，旧庙里供奉的都是今天的偶像，故宫里上演的都是现代的悲剧，古墓里的亡灵一个个作为现代人醒来。由于都是出土在今天，骊山下秦王兵马俑威武着现代的仪仗，马王堆的那具二千年前的女尸也窈窕着现代女性美。在徐悲鸿的油画上，屈原的山鬼赤裸着巴黎的曲线。不是青年音乐家谭盾的一曲东方的古典的《南乡子》，使一双双现代的美国耳朵，突然东方了，古典了；而是一双双美国的现代耳朵，使谭盾的一则东方的古典情绪，突然美国了，现代了。

同样的，不再是司马迁让我走进他的《史记》，而是我让司马迁和他《史记》中的儿女们走进我的今天。司马迁被阉割了。不是男性。也不是女性。但是生命因为残缺而完整，无性，他成了真正的男子汉，并且爱着每一个真正的女人。日和月同时撞毁在他的身上。天地重合的压迫。第二次他从撕裂自己分开了世界：一半是虞姬。一半是项羽。疯狂的创造欲，他在无性的女娲之后第二次造人：不用黄土了，就直接用那些横陈在英雄时代的英武的美艳的男女尸体。他们都不过是他过去生命的未曾收殓的遗骸——他生命的历史形式。血和泪沿着他纵横古战场的文字流回倒卧的尸体。他们作为他的儿女活了，活在他的汉代，永远和他活在《史记》中。等一双又一双唐的宋的元的明清的手，翻开《史记》，放他们到唐，到宋，到元，到明清。我的手翻开了《史记》的今天：在司马迁之后我赋予他们第三次生命。伍子胥。头，碰不破黑夜，碰落了所有的白天，一步踩过。一生用最黑的一夜辉煌百年。白发一根一根，生长漫长漫长的死亡。一夜摇落黑发上的全部太阳，几万次日出一齐轰击头顶：一个白洞。昭关，每一个黑夜陷落。

生命只是今天。

历史是穷尽今天的经历。神秘的引力场，十八年，连历史都会有一次青春的冲动：红楼梦里的梦还要迷乱一次。桃花扇上的桃花还要缤纷一次。生命在今天历尽。历史在今天重写一次。

那么明天呢，明天已在今天过完。

语言：叛乱 / 征服，有言 / 无言

我在一个个汉字上凝视着自己：汉字的象形呈现着我的形象。黄河流着，我的头，身，四肢，流成象形文字抽象的线，笔画纵横，涌过甲骨钟鼎竹简丝帛碑石，几千年的文字流还在汹涌。我的墨色的黄河。黄河还没有把我的头身四肢流成拼音字母几何的线。但是我形与神原始组合的古老文字却启示了蒙太奇语言——一种新思维。最重要的是：我的文字——语言没有拖着沉重的词尾。摆脱了词尾的语言逃脱了语法。我当然不是说，那些拖着词尾的语言还爬行在某种进化的阶段。我不知道，我的语言是还没有成熟到长出词尾，还是已经成熟得丢掉了词尾？但是我知道，词尾妨碍了语言的驰骋和

飞翔。拖着尾巴的词和拖着尾巴的人一样是不自由的。我甚至设想,也许一个中国人要想进入现代数学和现代物理学,就必须首先学会一种西方语言的思维;而一个西方人要想进入现代诗,也必须首先或深或浅地进入汉语尤其是古汉语的无语法中。我的诗充分享有汉语言的自由天赋了吗?

是西方人最早感受到了被自己的语言淹没的痛苦。语言创造着也毁灭着人。为了不至一沉到底,语言学家们指出的语域混淆、词语移置,隐喻转移,创造性偏离种种语言现象,都不过是人越沉越深的挣扎而已。于是现代西方人爆发了语言对语法的叛乱。本世纪多种流派的生命哲学和形式主义语言学都在寻找生命澄明的元初语言。而诗是生命和语言最初和最后汇合的唯一存在。可是现代诗同时让哲学和语言学失望:现代诗既不是语言显现的生命,也不是生命显现的语言。在西方语法严密封锁的关口前,西方现代诗人无不一一陷入一批又一批扭曲的、残缺的、伤痕累累的词语中。叛乱的语言完不成语言的征服。世界多一个现代诗人就多留下一批受伤的词语。思与诗同在的语言,离现代西方人比任何时候都要更加遥远,人被破碎的语言更浑浊地淹没了。

汉语,哪怕是古汉语,也同样拯救不了当代中国诗人。篆。隶。楷。狂草。解体又重构那一朵沉重的飘浮。金石木铅,仿宋仿唐仿汉仿秦,复印的复印,没有一朵订死在天上。天空已经旧了。汉语虽然还没有完全死在语法里，但是几千年它已经衰老：名词无名。动词不动。形容词失去形容。数词无数。量词无量。连接词自缚于连结。前置词死在自己的位置上。语言的衰老不能靠衰老的语言去复苏。让语言随生命还原：还原在第一次命名第一次形容第一次推动中。

给名词第一次命名。谁命名，命名谁，名词命名一次就死亡一次。无休无止的命名之后，只剩下空空洞洞的符号——无名的名词，既掩盖了命名者又掩盖了命名物。我突然惊惧地看到，我已闯进一个无名的名词世界，一个有名得空无一物的世界。不是我命名名词而是名词命名我。我被命名一次就失名一次。从头到脚，从感觉到智慧，名词名词名词。于是世界少了一个人而多了一个无名的名词。应该由我来第一次命名。命名：人，世界，名词，一同诞生。我有幸碰上了阿波罗登月的不幸的一脚。最后的月亮落在我的眼睛里。几千年，地球已经太重。承受我的头脑，还需要另一片土地。头上的幻想踩成现实，承受脚，我的头该靠在哪里——人们望掉了一块天空，我来走一块多余的大陆。在人们晶亮地叫完月亮之后，我来走完月亮的晦暗。这是我的第一次命名，在争名几千年的百家之后，我命名了几个名词？

给动词第一动力。谁推动，推动谁，所有的动词都已被行星般地抛入了固定的轨道。没有一个能够像彗星一样逃逸出来。除了重复不变的轨迹，没有自己的动力、方向、道路的不动的动词，运动着一个静止的世界。当我发现，不是我推动动词而是动词推动我的时候，我绝望了。每一个动词都以不可抗拒的惯性力把我拖入它盲目的轨道，令我不由自主地亦步亦趋，直到我失掉了自己的动因、目的、起点和终点，成了一个不动的动词。但是生命原始的冲动要反抗。人生来是第一推动者。这就要看人与动词谁更有力，谁能首先冲破对方原有的轨道。

一旦打乱词语恒定的场，把一个个动词抛进新的轨道，世界就将按另一种方式运行起来。古云梦。云的一半滴为巫山雨，从宋玉的青春湿到我的青春。梦的一半醒为洞庭的思考，容得下长江漫长漫长的回忆。我总算推动了一个词，由它，一种秩序颠覆了。在上帝最初的一脚和牛顿的万有引力之外，我能够推动几个动词？

还原形容词的第一形容。谁形容，形容谁，今天的白形容昨天的白。今夜的黑形容昨夜的黑。我看到的，是一个在形容中失尽形容的世界，一个没有形容的形容词世界。而且连我自己，也因为接受了所有的形容而完全丧失了自己的形容。不是我形容形容词而是形容词形容我。我感到了一个没有形容的形容词的悲哀。高渐离。当挖掉眼睛的一瞬，黑暗破了。生命痛楚得雪亮。眼睛窥不见的神秘，银灿灿地泄露。无岸无涯。形容：我还原了自己本真的形容也就还原了形容词的第一形容。我的高渐离的眼睛瞎得好灿烂。在千容一面的形容里，我形容了几个形容词？

还数词以无穷数。

还量词以无限量。

让连结词组合新的结构。

让前置词把世界置于新的时空。

语言的烦恼就是智慧的烦恼。西方哲人一直在寻找他们语言的家。里尔克还在那里不断地用诗呼唤那无名的失名的。海德格尔在语言的澄明与遮蔽中痛苦彷徨，为了进入澄明而走进了遮蔽。到了维特根斯坦，更是无可奈何地一说再说他的沉默。东方古代哲人似乎不必寻找语言：人自在语言中。他们一个个在大谈无言、不言、忘言中雄辩地寄言立言。不言的老子留下了五千言，一言就开始了后人一个说不完的话题。庄子更是滔滔得横无涯涘，一片汪洋，至今还在每一种文字中泛滥。人是天生来说话的。有言与无言，说出与沉默，可说与不可说，都是语言。因为失名才需要呼唤，因为无名才需要命名。因为遮蔽才洞见澄明，因为澄明才笼罩晦暗。因为说出了无，才沉默着深不可测的有。语言活在言语中。没有言语，语言就将死去。哲学的思辨逻辑，自然科学的数学抽象，再加上诗的语言结构，便是人类智慧的三大形态。

语言的运动，在西方理性和逻辑的后面，也在东方"不立文字""无言"的后面。语言（尤其是汉语）运动的轨迹才呈现生命的疆界。诞生在语言中，我从像是一个词的永远流放者，不能从一个字的边境逃亡，到只想走进一个汉字，给生命和死亡反复，读，写。我能否第二次找回女娲的语言——汉语言的自由与自由的汉语言？

1988 秋，北太平庄铁狮子坟

原载《诗潮》1990.NO.3-4

台湾大学《中外文学》1990.NO.5

我的三个文学世纪

　　直到今天还走不出文学的 19 世纪。就是走不出它的漫长。

　　走进 19 世纪有许多入口。每个人都有自己的入口。我的入口是屠格涅夫。但是出口是谁？在哪里？1952 年，在武昌实验中学，一本书被一个初中二年级学生偶然翻开：《初恋》，屠格涅夫著，肖珊译。19 世纪便跟着我延长到了 20 世纪的 50～60 年代，直到 70～80 年代。今天仍未终结。不知是什么原因，在当年那所近乎是"清华预科"的中学里，那么多数学的公式和物理学的定理，我都游戏似的玩过去了。于是我有足够的时间，去与屠格涅夫的人物同时代，或者让屠格涅夫的人物与我同时代。薏丽娜的从不可测的深处望来、望向不可知的远方的眼睛；丽莎的微微跳动的眉；叶琳娜半倾半俯的侧影；里维诺夫的烟；罗亭的马车和他那条黄尘泥泞风雪永远没有尽头的路；还有巴扎罗夫的坟墓，不该被埋葬的年轻的生命，甚至在坟墓中也在狂热地生长——这些简直像是发生在我生活中的事情。当然，同样的迷狂，在 30 年后的青年中，已经变成口口声声的劳伦斯的性、卡夫卡的怪诞、乔依斯的意识流了。不过，我的第一次文学迷醉是屠格涅夫的《初恋》：

啊，青春，青春，你什么都不在乎。你仿佛拥有宇宙间一切的宝藏，连忧愁也给你安慰，连悲哀也对你有帮助，你自信而大胆。你说："瞧吧，只有我才活着。"可是你的日子也在时时刻刻地飞走了，不留一点痕迹，白白地消失了，而且你身上的一切也都像太阳下面的蜡一样，雪一样地消失了。……

也许是俄罗斯人天性中的忧郁和哲学沉思很容易打动我们？几年之后，《春江花月夜》再次使我迷醉："江畔何人初见月，江月何年初照人，人生代代无穷已，江月年年只相似。"我不必假装"超前"，说我那时就顿悟了什么"瞬间永恒"之类，但我确是看见张若虚的明月也照见了屠格涅夫。在同一个月亮下所有人的少年梦都是同一个。青春，以昙花一现的闪耀照彻了宇宙和岁月：生命是无踪无影地消失了，还是在更高的形式上回到了无限与无穷？这是生命悲剧的第一次悲怆的体验。形而上的冥想，使伽利略牛顿麦克斯韦尔的伟大原理的世界，一天一天缩小。我白白保存着中学几年成绩单上数理化的全部红五分。这只是给了我一个心理学意义上自嘲自慰的借口：使我理由充足地时常学着屠格涅夫的叹息说，如果不是文学的迷误等，早就有一个现代物理学的定理用我的汉字姓氏命名了。同时又不免暗自微笑：也好。我总算逃脱了陈景润式的数字的苦难。

要是文学唤醒我的只是生命的体验那就好了。有了1957年不平常的春天。对于我，19世纪文学，特别是19世纪俄罗斯文学，具有了另一种意义。我懂得了普希金早春的憧憬和幻灭，从他的《致恰达耶夫》到《致西伯利亚的囚徒》，从他的《致大海》到《阿里昂》。10年后，从1966年起，我更懂得了莱蒙托夫在尼古拉一世的黑暗年代里的那种"悬崖与雷霆和风暴交谈"的语言。还有拜伦写在古希腊罗马废墟上的面对未来的挽歌，雪莱的云、云雀、西风翱翔着的自由的精神。

我开始写诗了。我1957年的《第二重宇宙》是普希金1818年《致恰达耶夫》的低微的回声。我那么早就经历了一次思想的危机。多亏我中学的同学D.D，是他使我没有在1957年垮掉。我们争论过。无数次的通信与会面。那些会面所选择的庄严的地点，那些通信所采用的崇高的笔调，那些一时甚至永远找不到结论的争论所涉及的哲学、历史、艺术的领域之广（浮光掠影的），所引证的伟大人物和神圣著作之多（一知半解的），好像我们被命定来扮演某种历史角色似的。可惜那些信札和日记，连同诗稿，都在十年恐怖的日子里胆小地付之一炬了。这些当然是幼稚可笑的，但那毕竟就是我们的青春。我当时请求他："给我一分光明一分热力／加速我思想的星云，组成井然的天体"。D.D是"Мой Первый друг"（我的第一个朋友）。那真是一个模仿的年岁，好像我一用普希金致普希钦的诗句称呼他，我们就是普希金与普希钦了。他大学毕业时自愿到一个偏远的山区中学任教。这么多年过去了，他还在那里。我在远方祝福他。

直到今天，那些烧成灰烬的诗题仍然在闪烁：1967年的《我悲痛地望着我们这一代人》，1968年的《幽燕行》，1971年的《致萨哈罗夫》，1972年的《黄昏未名湖》，1973年的《今天》，1974年的《明十三陵》，1976年的《清明祭》。

1966年8月的一个黄昏，我独自在建国门古观象台下徘徊。古城。落日。断城上古老的青铜仪器在越来越暗的暮色里望着也问着越来越黑的天空。这就是观过数百年阴晴动静的地方，我来问取未来天时的预兆。那景象俨然是另一个拜伦在《登雅典卫城》哀希腊，只不过，拜伦凭吊的是他背后的一片倒塌的历史："除了还会升起的太阳，/这里的一切都已经沉没。"而我是来倾听前面一个快要开始的崩溃："把喉震破把心震碎吧——/为了回应那声天倾地覆的巨响！"没有想到，我的一句不祥的预言，竟成了一个恐怖的咒语：1976年的大地震！古都动摇。古观象台倾斜了。这些偷偷写下的诗行也在狂飙般的地震波里颤动。

那十年的红色和阳光，偏偏使我喜爱莱蒙托夫冷傲的前额、冷澈的目光和冷隽的诗。光明的迷误中，我非常需要莱蒙托夫诗中燃烧着的一团团黑色的火焰。我读得最长久的一首诗是莱蒙托夫的《沉思》（《Думы》）：

我悲伤地看着我们这一代的人！

他们的未来——不是空幻，便是黑暗，

而，在认识与怀疑的重压下，

他们将要在无为中衰老了。

"Печалъно я на наше поколеъие"（"我悲痛地望着我们这一代人"），我引用莱蒙托夫《沉思》的第一行诗为题写了一首诗。我无意为莱蒙托夫自愧自悔的《沉思》写续篇。我并不觉得这样写，我自己就是"Герой нашего времни"（"当代英雄"）了，可以称心如意地把成群结队的戈鲁士尼茨基们一个个射杀在悬崖下。我只不过是在20世纪的中国真真实实地体验了莱蒙托夫19世纪俄国的痛苦。不过，"我们这一群忧郁的，很快就要为人忘却的人们，／将要无声无息地在这个世界上走过"，莱蒙托夫急忙躲进了历史，只留下一个匆匆消失的背影，给子孙们轻蔑的目光。

又过去了几年。我在潮白河边的一个农场里望见了我的1970年彗星。那是雪莱的一只云雀飞来。雪莱的诗和人都是那样自由：当他的诗潇洒为天上的云雀的时候，他也正潇洒在地中海的舟上意大利的马上和少女们顾盼神飞的眼睛上。我们却在苦役中。我们生来只是为了作一个思想的证据，而且是亿万分之一的证据。我们因为有自己的感情和智慧天生就有罪了。为了赎罪，我们无休无止地凌辱他人也侮辱自己。于是雪莱的云雀飞成我的"一轮飞翔着的太阳",冲破了太阳下所有行星的轨道。我踽踽在尘垢里,我的《彗星》,便是一个不甘沉沦的灵魂投射在天上的虚幻的倒影。

我突然想起了普希金。想起了参政院里的十二月党人被镇压后,他和沙皇尼古拉一世的一段对话。沙皇问他,假如事变发生时他在彼得堡,他将怎样行动。"陛下,他们都是我的朋友,我会站到他们的队列中去的。"这是普希金的回答。大颗大颗的泪滴从我的眼眶里滚下。我们的悲伤不敢洒成泪水。我们的愤怒不敢发为吼声。我们的怀疑甚至不敢生长成语言。我写了《清明祭》,故作勇敢地把普希金《致西伯利亚的囚徒》的诗句题在篇首:"沉重的枷锁会掉下,/阴暗的牢狱会覆亡,/自由会愉快地在门口迎接你们,/弟兄们会把利剑送到你们手上。"因为我们的普希金还没有诞生。

文学的 19 世纪当然不完全是诗人们的。我也曾把列夫·托尔斯泰的《战争与和平》与罗曼·罗兰的《约翰·克利斯朵夫》奉为 19 世纪的经典。请不要以为我在这里弄错了年代,也不是罗曼·罗兰犯了历史的错误。托尔斯泰的安德烈和彼埃尔,与罗兰的克利斯朵夫,都是一个时代的人,19 世纪的人。无论是奥斯特里茨战场上空的云,童山的古渡落日,安德烈的老橡树与彼埃尔 1812 年的彗星,还是从摇篮中就开始荡漾在克利斯朵夫血脉里和音乐里的莱茵河,无一不是在展示人的崇高或者崇高的人。崇高的英雄主义使 20 世纪的罗曼·罗兰属于文学的 19 世纪。而陀思妥耶夫斯基对于我，却是出现得太早了。除了他的那篇屠格涅夫式的《白夜》（连小说的题辞也是屠格涅夫的散文诗），他的其他作品我一翻开就放下了：为了崇高，我拒绝理解他的迷狂，病态，罪恶，性格分裂和灵魂深处的自我地狱。他只好过早地寂寞地等我，早一个世纪等我，等我进入 20 世纪的一天才与我同时代。

为了进入普希金、莱蒙托夫、屠格涅夫、托尔斯泰的语言世界，我曾十分舒服地让俄罗斯人的"舌头"（язык）卷去了我的 19 岁和 20 岁。那个奇怪的颤音 P，使我好几年的阳光月光星光灯光一直在迷离摇晃。俄罗斯语言性数格位的无穷变化，竟然没有混乱我的思维逻辑，真是不可思议。我也恍惚做过三次翻译梦。头一回是俄译的 S. 茨威格征服了我。1960 年，我辗转从一个留苏归国的朋友那里读到《一个陌生女人的信》便贸然给巴金先生写信询问，有无出版中译茨威格的可能（前面说过，我外国文学的启蒙是巴金、肖珊译的屠格涅夫）。巴金先生回信说他还看不出在中国出版茨威格的前景。第二回是 1970 年，忽然想在太阳下译莱蒙托夫的黑色诗篇。因为我觉得，余振先生的译诗还黑得不够沉重。第三回，已经是 1975 年了，我居然在王府井外文书店冷清的书架上找到了赫尔岑全集残剩的三卷《Ъылое и думы》（《往事与随想》）。我译了赫尔岑和奥加辽夫在莫斯科燕雀山上愿为解放俄国人民而献身的少年誓言，译了他们想撞响克里姆林宫大钟的少年狂想。几十年后赫尔岑流亡欧洲的《钟声》传遍了俄国。我们有过自己的少年誓言吗？钟声，中国沉洪的古钟天天敲响"东方红"。也许是出于同样的原因，巴金先生献给新时期的第一部书，是他译的赫尔岑的《往事与随想》。可是今天，我再也不想翻译 19 世纪俄国文学了。我的 19 世纪已经太长，我不愿再延长 19 世纪的日子。也许我会翻译一个与我同龄的苏联诗人，为了和他一起告别 19 世纪。

这一切怎么能不是 19 世纪的？从文艺复兴到法国大革命到 19 世纪，西方人已经有过一个理性胜利的时代：一个人对王对神胜利的时代。那次理性的胜利自然完成在非理性中：丹东，罗伯斯庇尔，一个个英雄的头从断头台上滚下。于是他们的哲学家才得以在滚落的人头上宣布：这是一个用头站立的时代。而在东方，就在过去不久的那个十年，随着一代知识分子卑怯地低下自己智慧的头，理性的世界便顷刻崩溃倾覆。我们几乎人人都亲历过了，我们的膝，腰，头，都还不足以支撑人的尊严。同时我们却又为保存死亡的文化大声欢呼——在几亿人埋葬今天也埋葬未来的毁灭文化的狂热中，单单挖掘马王堆古墓，把那具汉代女尸的青丝、红唇、冰肌、玉骨，充满诱惑地摆在世界的惊愕面前。甚至忍不住啧啧羡叹：2000 年前的女尸还那么富于弹性 [1]。因此，不管已经迟了多少年迟了多少代，如果能由我们来完成理性的胜利，那也是一代人洗雪耻辱的骄傲。只要一天我们还没有作为人庄严地站立在王和神的面前，我们就还要停留在 19 世纪一天。只要一代知识分子的头还不是奥林匹亚的神山，不可亵渎，我们的 19 世纪就还没有走完。我们曾经长久拥挤在"天堂的门口"，自我作践，也践踏别人。我们当然没有勇气面对"地狱之门"，像罗丹的《思想者》，为了永远肩起自己思想的头，不惜耗尽自己的血与魄力，承受人间的全部苦难。何必模仿着别人，说什么"垮掉的一代"，"沉思的一代"，"愤怒的一代"。

---

1 1972-1974 年，考古工作者在长沙先后发掘了 3 座西汉时期墓葬——马王堆汉墓。墓葬的结构宏伟复杂，椁室构筑在墓坑底部，由三椁、三棺和垫木组成。木棺四周及其上部填有木炭，木炭外又用白膏泥填塞封固。

覆盖在内棺上的彩绘帛画，呈"T"字形，全长 2 米左右，下垂的四角有飘穗，顶端系有丝带以供悬挂，是亡者出殡时引导随葬队伍行进张举的旌幡。帛画色彩鲜艳，庄重典雅，旌幡画面上段绘有日、月、升龙和蛇身神人等图形，象征天上境界；下段绘有蛟龙穿壁以及墓主出行、司阍迎候、宴飨等场面，反映了"引魂升天"的主题内容。

其中一号墓中出土了一具保存完好的女尸。女尸年约 50 岁，身高 1.54 米，体重 34.3 公斤，开棺后发现女尸被浸泡在棺内约 20 厘米深的无色液体中。女尸经医学家临床检验：结缔组织、肌肉组织和软骨等细微结构保存完好，全身有柔软的弹性，皮肤细密而滑腻，部分关节可以转动，甚至手足上的纹路也清晰可见。X 光片显示，其骨质比现在 60 岁的正常人还好。

我们不过是屈辱的一代。那好，在"人的门口"，为了有一天我们也能够用自己的头站立起来，就在举世瞩目的广场上塑一座低头、弯腰、双膝跪地的自我形象吧：为了自赎。

但是我们的头还没有站立就已经倾斜。我们同样沉重地感受到了头对心的压迫，理性对生命的压迫。我们的文化沉积是这样深。当我一进入对个体生命的体验和对存在本体的沉思，我文学的 20 世纪也就开始了，虽然 19 世纪还没有过完。我同时颠倒地生活在两个世纪。我的身上有 19 世纪的头和 20 世纪的心。

因此，1900 年的 1 月 1 日对我并无意义。我的 20 世纪的第一个元旦是 1981 年 2 月 19 日早晨，那个我偶然写了《船》的早晨。也不是每一个人的新纪元都非要钉死在十字架上一次。这个早晨其实什么都没有发生，也无须发生。我不过无意间突然转过身：自己面对自己。走进 19 世纪要通过别人的入口，而进入 20 世纪只有自己的门。在这个早晨我的门豁然洞开。我听到了自己生命的躁动与喧嚣。我为 F.F 写了《生命——青春组诗》，她使我在 40 岁的时候，开始了没有第一次青春的"第二次青春"。这又偶然和一个民族由衰老——抛弃衰败与衰亡——而走向又一届青春的历程，暗暗合在一起。于是我便背起中国／西方的横坐标与现代／传统的纵坐标相交的时空十字，在古、今、中、外的多重碰击中。这不会是一个十字架吧。

不过我渐渐走向现代的路，曲折得唯一不通罗马。我长久不知道在我之前100年已经有过一个波德莱尔，我甚至不知道还有一个艾略特正活在地球的那边——他1965年才逝世。早我十年的人，在40年代的中国，总算听到过现代主义退潮后的隐约的余音；而晚我十年的人，正好赶上又一次来潮汹涌的80年代。中间，我两头失落在孤绝中。真实的荒诞。

我找到文学的现代主义跟我的父辈找到哲学的马克思主义一样，都是经过苏联人的中介。这近乎一种宿命。1981年的一天，青年诗人江河听我念完一首诗后问我："你读过梅热拉伊梯斯的《人》吧？"没有。我的否定使他惊异。一定是他的梅热拉伊梯斯多少有些像我了？我便四处搜寻那个陌生而又相似的《人》。邵燕祥的回答更让我神往："也听说有这样一本诗。"我朝圣般的热情使饱学的刘再复也觉得，不读到这部绝世珍本，那大约是一种智慧的缺陷。他也开始寻找。1982年初，他从邻居刘湛秋那里找到了这一秘本。我闻讯跑去，原来是中国作家协会1964年内部出版的一部"白皮诗"。在同年的秭归诗会上，我看见蔡其矫也随身带着这本诗集，一页又一页翻过了昭君村、屈原墓、宋玉高唐，招惹同行的几个诗歌青年争相传抄，不怕洛阳纸贵。不知道他们手抄的《人》今天是否开始变老？

梅热拉伊梯斯使我回到惠特曼。我发现我已经在

《草叶集》里读到过他的《人》。由惠特曼的《自己之歌》："因为要留出我的地位，星星们都远远地走在自己的轨道上，／它们照着我将出现的地方。"到梅热拉伊梯斯的《人》："我双脚踏着地球，／手托着太阳。／我就是这样站着，／站在太阳和地球两个球体之间。"是同一个宇宙意识与生命意识：一条生命之河贯注了人与万物，人在空间上与自己的宇宙一体。可惜，梅热拉伊梯斯只得到惠特曼的"空间"，而失掉了惠特曼的"时间"。梅热拉伊梯斯还没有悟到时间的奥秘："最伟大的诗人根据过去和现在构成了与将来的一致。"而惠特曼却能"把死人从棺材里拖出，叫他们重新站起来"，并且大声"对过去说：起来，让我认识你"。所以，惠特曼的一片片草叶永远在生长，是绿色的象形文字，从埋在地下的婴儿粉红色的口腔、青年的胸脯、白发覆盖的母亲头颅骨上长出，在远方等你，等你的脚步，等你的夏季。惠特曼的草叶就是庄子的蝴蝶——"灵魂、再生、变形和永恒生命的象征"。据考证，惠特曼没有读过《庄子》。但是，专家们说，在惠特曼自己设计的《草叶集》多种版本的书脊、卷首或插页上，都印着那只神奇的蝴蝶。最引人遐想的是，在1889年版《草叶集》的扉页上，惠特曼伸手一招，那只东方的蝴蝶就翩翩飞来，落定在他的食指上。我觉得惠特曼和庄子都在做同一个"生命——时间"的蝴蝶梦。惠特曼又使我回到庄子，但我立即把我的庄子现代了：不是庄子把我老于远古，而是我把庄子青春在今天。不是庄子完成了我的生命，而是我使庄子的生命完成。要不是我又给了他一个 18 岁的春天，他的蝴蝶怎么会再美丽一回？假如我再不给他一片海洋和天空，他的鲲和鹏就会沉落。龙飞凤舞从来都不是我的想象——我不会喜欢蛇身、鬣尾、鹿脚、狗爪，一千年又一千年盘旋在我的头上。我今天更不愿挤在龙和凤的现代图腾下去继续一个残破的神话。我的蝶，鲲，鹏，冲破了物与我、生与死、有与无的界限，那才是从东方智慧中飞出的自由的象征。

惠特曼和庄子的超越物我与超越时空是 20 世纪全部诗学的灵魂。

不用说，这是我复活的惠特曼和庄子。同样，我也从庞德那里重新找回久已湮灭的唐诗"意象"，并且在埃利蒂斯那里重认传统和回归东方。他们使我觉得自己是一个中国诗人。我迟至 1984 年才在《外国诗（2）》上认识 20 世纪初的庞德。这要感谢赵毅衡先生和申奥先生。传说庞德《地铁车站》的那两行中国式的意象诗"人群中 涌现的 面影 / 湿黑的 树枝上的 花瓣"，竟写了整整一年。幸喜他没有读到白居易的"玉容寂寞泪阑干，梨花一枝春带雨"，否则，他怕连那两行也写不出来。我猜想，庞德一定是在无意间望见李白"玲珑望秋月"的一刹，就赶忙把中国诗的"意象"偷走了。如果等他一一饱览李白抛在天空的那么多月亮，他可能会把"意象"失落在神迷目眩中。因为他并不想做东方古典意象的西方继承者，而是要做西方意象的现代开创者。我也一样。我对庞德匆匆一瞥，便夺回我的"意象"急忙逃回，怕再度遗失。在此前后，诗歌界一阵喧哗，不是谈论得了诺贝尔文学奖的埃利蒂斯，就是谈论埃利蒂斯得的诺贝尔文学奖。由于他的"一滴雨，淹死了整个夏季"，洪水便泛滥起来。一时，数不清有多少中国诗人蜂拥而至，唯恐分享不到被那滴著名的雨淹死一回的幸福。他的那棵半热带风的石榴树疯狂了，在希腊，橄榄自去哲学形而上，石榴自去形而下放浪形骸，本无所谓。不料中国早就高士化、君子化、隐者化的松，梅，竹，也跟着连连疯魔起来，甚至十分闺阁体的丁香芭蕉海棠也不愿意再缠绵悱恻。他的大型抒情组诗《理所当然》有一章《创世颂》，成群的中国诗人便顿时发现了自己的龙山殷墟敦煌，以及甲骨钟鼎竹简丝帛的无限神秘。但是这位埃利蒂斯究竟是谁？据说他的名字是四个希腊字的缩写：希腊＋希望＋自由＋女性美。四个最有意味的字。希腊！他用现代更新了希腊的传统。这位"饮日诗人"使希腊的太阳又辉煌一次。他说："双手捧着太阳而不炙伤，把它像火炬般地传给后来者。"难道我们要去接过他手中的太阳，尽管那是希腊的？！我说：还是抱起我们自己的吧，当然不是屈原曾经在崦嵫山上抱起过的那个。太阳是今天的。

1985 年，当我面对艾略特《荒原》的时候，也同时听到了金斯堡那声凄厉的绝望长《嚎》和女诗人普拉斯三次死亡的"自白"。"前""后"两代现代派诗人一前一后从两面向我逼来。我经受了一次从未有过的惊心动魄的震动。文明的崩溃，传统的断裂，信仰的破灭，加上一代人生命力的凋萎，残败，衰朽……艾略特想穿过荒原去寻找生命之源和文化的拯救，金斯堡、普拉斯们却宁愿在生命的原始冲动中毁灭文化也毁灭自我。我是东方人。最大的痛苦无声。最美的死亡无言。走进别人的荒原并不能逃脱自己的荒芜。也不是把梵语的经文"舍予。同情。克制。"用汉语祈祷一遍自己就得救了。我早已把自己刻成那尊卢舍那大佛：一种历尽苦难后反观苦难的静穆。奇怪的是，《荒原》引起我的不是想象而是思索。艾略特用几百行诗建立了世界和历史的"一个同时并存的秩序"。他以一个西方智者的哲学的思辨和理性的直觉，用感到四月残酷的丁香，栽在花园里等待抽芽开花的尸体，永远横流永远焚烧的水与火中的生死轮回，以及生者也是死者、人也是鬼、身也是影的长长的行列，还有七种文字的广征博引，来证明他发现的一个世界历史模式。艾略特的"一个同时并存的秩序"，与庄子的"瞬间永恒"，可能是东西方美学各自达到的两个又相同又相异，又相通又相反的极境。

　　我承认我没有读完《荒原》，《四个四重奏》也只看了几行。我没有翻着注解读诗的习惯，也不想培养这种习惯。我怀疑，是不是从艾略特起，诗人们都已才尽？不然，现代诗人怎么肯如此轻易地把诗的灵性抛弃给哲学，而吃力地搬起哲学早就想放下的思辨的沉重？似乎可以说，比起海德格尔的《形而上学导论》来，艾略特的《荒原》更少有生命体验的酣畅淋漓的诗意；同样是关于"时间"的沉思，如果把艾略特的《四个四重奏》与克罗齐的《历史学》摆在一起，我们反而觉得克罗奇的"历史的哲学"（"永恒的现时"）是诗，而艾略特的"时间的诗"（"只有通过时间时间才能被人征服"）是哲学。可能这是一个诗与哲学相互交融更互相易位的时代。但是，毕竟有尼采的悲剧观，海德格尔的存在论，克罗齐的时间意识，以及动摇了理性世界的弗洛伊德的梦和荣格的意象原型在走向诗，也引诱我走向诗。诗从哲学终止的地方开始。

并且，为了照亮生命本体的无比幽邃的黑色大陆，也是从 20 世纪初起，俄国的"形式主义者"们（又是俄国人！）开始用火点燃语言。只有语言才能照亮生命。从什克洛夫斯基的第一篇论文《词语的复活》起，在大半个世纪里为了复活垂老在历史文化理性逻辑中的语言，俄国形式主义，布拉格学派，英美新批评，德国的符号学，巴黎结构主义与解构主义，莫斯科——布拉格——哥本哈根——纽约——巴黎——塔尔图——莫斯科，是一场环球游行。虽然"俄国形式主义"原是"诋毁的荣耀"，但是时间这么快就把一顶荆冠变成了桂冠，在他们还很形式地活着的时候。可以认为，多种流派的本体论的哲学和形式主义的语言学，是 20 世纪"入学"最有开创意义的两大领域：寻找生命的本源和照耀生命的语言之光。

我们看到，当代西方哲学家和诗人无不在煽动语言对语法的叛乱，正像当年他们的前辈煽动第三等级对国王和僧侣的叛乱一样狂热。也许西方人又在进行一次生存方式的革命。说是又一次，因为他们已经有过一个用头站立的时代。现在他们又在人自身开始了心对头——生命对理性的战争。也许他们想从语法的逻辑的理性的文化的压迫里，再一次找回生命最初的活力，热情，想象与创造精神，为了复活一种文化或者重创一种文化。与上次完成在非理性中的理性的胜利相反，当前他们这场非理性的革命正在十分理性地展开，正在哲学家和诗人们安然无恙的头脑里平安无事地展开。不要剑也不要盾，不要火也不要血，只在语言中进行言语的革命就足够了。革命得非常诗意。于是，东方不受逻辑主宰的老庄哲学和不受语法切割的古典诗歌，便令他们神往。西方"知"的世界与东方"悟"的世界遥隔千年，但是西方"反逻各斯主义"的现代精神与东方追求生命体验的古老传统在今天碰在一起。似乎全部的魅力都集中在汉语尤其是古汉语的神奇奥秘上：汉语是一种还没有完全死在语法里的语言里的语言。凭借保存在汉语中的东方智慧和整体感觉，中国诗人很容易完成"人"的复归。没有时态变化的动词总是"永恒的现在时"。定语状语补语宾语流动在自由的语言秩序中。不受词性限制的名词动词形容词也很随意地打破了语法的压迫。东方诗人似乎不必像西方同行那样，要时时打乱语法严密性的顽强抵抗。不过，我们的汉语诞生过屈原李白，却还没有诞生牛顿爱因斯坦。我们多的是张若虚的明月，李商隐的夕阳，陶潜的菊花，李清照的梧桐秋雨，少的是一个个改变世界的物理学数学原理的中国姓氏。这些，是不是同样出于汉语的原因？

但是语言总与生命同在。假如没有语言的显露，人将凭什么自认或者自照？人活在自己的语言中，语言的边界就是生存的边界。生命——语言——诗三位一体。难怪马雅可夫斯基、帕斯捷尔纳克也曾经是莫斯科语言——诗学小组早期的成员。我找到了只属于自己的意象——语言结构了吗？

人，第一次用脚没有站立起来。第二次用头也没有完全站立起来。现在，是第三次了，用心——也许能真正站立起来了吧？与西方的哲学家诗人不同，我们只能同时既用头也用心才能站立。在西方，由身的自由到心的自由，他们是几个世纪几代人的历程。而在东方，却要由我们一代人的几十年来完成。不知道这是不幸还是大幸？我说过：在我的身上有 19 世纪的头和 20 世纪的心。我的长诗《女娲 11 象》和组诗《东方智慧》是我对现实世界无限的追求、冒险、征服，与对自我灵魂的审视、拷问、搏斗同时展开的心灵的历程。也许有一天，我能同时走出两个世纪：用头站立——在历史上。用心站立——在今天。

又是一个世纪末了。文学的 19 世纪不是我们的。文学的 20 世纪也不是我们的。文学的 21 世纪将最先从谁的眼睛里升起?

1988 夏，北太平庄铁狮子坟

原载《外国文学评论》，1988，NO.4

初
雪

初雪

给 F.F

我开花了
水的花，洁白的缤纷

我沿河开着不败的花
我的花丛丛涌向岸
在浅滩已经凋落
我的花簇簇涌向船
在舷边已经溅落
连戏浪的水鸟也衔不去
我的一枝花朵
在羽翎上已经零落

我的花开成海
花的潮，潮平潮涨
那不过是开在也谢在
我心中的花
不能在土地上开葩，哪怕一束
靠近太阳，在长天在阳光里
变形，白色的花萼

也云过

也雨过

我最后纯粹的花暴，倾覆

我又开花了

纷纷的白火焰，烧毁了冬天

开了，我的花事在花里完成

再开，我的花时从花下开始

我倾洒平野，高山和深谷

一切已开未开的花薮

淹没

一稿　1981.11.17　晨

二稿　1988

天鹅的歌声

传说天鹅是不唱歌的。只有临终绝唱。谁听到过天鹅的歌声？那万籁同悲的自葬曲？

明月圆展过你的白翎
留我在你无影的月下，听月无声

梨花，回舞你的羽痕
我满襟离枝的雪意，听雪也无声

听你，听你无边的静谧
暗暗鸣响我的天听

像听你语言前的语言
像听你声音前的声音

那也是你对自己的回应
谱完你的歌，听你一生一声

而当你的歌声隔世飘来

我也不能同歌——已是你声断的时辰

假如我最后的绝唱，回响
你自葬的长歌，从中天坠陨

自挽？完成的孤独
无形，无影，大寂寥中无音

一稿　1980
二稿　1988

船

我沉一半——凭借着海
我浮一半——向往着天
我终于载起了我的世界
海，装满了压碎的波澜
　　我愿载动
　　我是船

第一片芽，第一棵树，第一只船
我一直怀有种子最初的心愿
没有被泥土掩埋，也不会葬进波底
我再生了，俯瞰着汪洋的海面
　　我有大地和海两重的生命
　　我是船

头上的风，扯落轻飞的霞
在潮汐里烟一样消散
我像长出满树的绿叶，去捕捉风
在所有的海域，挂满了我的帆
　　我是船
　　我有常新的叶——不死的帆

像我的青枝伸向云
从旷野，峡谷，绝壁和巉岩
我也伸出我的桨，划尽沧海
直到地球的渡口，横越云天
　　我有浪里的桨——云中的翼
　　我是船

世界，因我而缩小
重洋分隔的大陆，靠在我的两舷
赤道的光，两极的雪
太平洋岸的花，大西洋岸的蝶
一齐纷纷戏舞在我的甲板
　　我复合了分裂的大地
　　我是船

岁月的浪花在我的船边激溅
我的锚，从未长抛在平静的港湾
我载希望给现在，载回忆给未来
卸下今天的重负，又载取更重的明天
　　我是船
　　船行在世纪与世纪之间

地球，我也载起了你

日和月，同时悬在我的舷边
天海中的列岛，都在迎我停泊
但愿早有守候的人，为我系缆
　　我是船
　　从星到星从光年到光年

1981.02.29　晨

冬天，冰的湖

我凝思。连浪
也停泊了我的静穆
喧哗成冰，不愿意
有一声独语遗失

我的波声远远没有说完
我却更爱这突然的沉默
沉默，不是等待回答
我倾听自己，回声四起的静寂

1981.12.04　夜

蝴蝶

飘落的春天没有死去
我在地下枕着它
飞起，飞着花瓣和芬芳
我是蝴蝶，要把花瓣都扇成翅膀

连落花我也追到地上
用更多更多的卵，蛹，蝶
把跌碎的色彩衔回枝上
再扇成飞翔

但我总是这样轻
我从庄子的梦里飞出
飞过李商隐的梦，像是一种光
翩飞不起一片雪花冷的重量

不愿在泥土里再重复一次了
我要飞进一颗更年轻的心灵孵化
蝴蝶是我，一个飞动所有季节
缤纷所有季节的狂想

1982.03.14　晨

我选择夏天

我选择莲荷
选择莲荷的
　　　　夏天

夏天
我的圆叶，风一样飘起
追逐所有张开了的翅膀
太阳，这么近
火一样滚过我的叶面
我也不愿放走一个，萤
那一明一灭的光点

夏天
洪水在泛滥
拥挤着的云跌倒在天边
连诞生在春天的雷
也轰隆隆长大了
膨胀到欲破欲裂的雨点
风，风也飞烟
又一年，野草

把大大小小的路走完

翅膀也不能抵达
我的圆荷像盾，挑战
一支支花苞的箭，射向青天外
播撒
种满银河的莲
开满银河的莲
　　　　夏天

1982.07.14　京汉路上

野百合

一声无言的手语
握着五月，野百合
这么悦目的手势

像是挣脱了群山和时间
伸出手，是要承受我俯下的
夏，沉重的季节

要伸出手，地平线已伸进
黄昏，招着夕阳和我不沉的凝望
再连黎明一同捧起

假如天空已从指间掠过
又一次握取，飘逝了或者抛弃了
白色的手一个别意

依旧是没有交出的传递
野百合，给我也给自己
伸着永久的暗示

1984

高岚山未飞的鸽子花

像是遗落在山间的消息
鸽子花，又一年开，又一年谢了
                我的鸽子花

山想出了树
树想出了花
花苞孵出的一群群
白翎，都在临飞的一刹跌落
悬崖上落满折断的蓝天
浮向深谷的红喙
啄食夕阳

还是我来拾回失传的花信
扶起一树树鸽子花
风无助云也无助的翅膀
我伸出的手臂，就是远古的珙桐树
                新发的枝条
哪怕没有一只野白鸽
飞出花苞，飞过我的手掌

哪怕我也托不起一片

白羽，雪一样飘出山外

只有跌碎的声音，幽香回响

1982.06.24　高岚山中

秭归屈原墓

我不信
那芳洁的荷衣，和兰与蕙
　　缀成的华美的花环
已经被大地永远收回
埋在这座坟茔

我不信
那顶山一样崛起的峨冠
　　和腰间嵌着星月的长铗
也埋在这里，变成了泥冢的土
再没有来寻找这冠这剑的人

我不信
那以前额叩开过天庭门扉的头颅
　　再也撞不破地下死亡的门户
那双手臂，那双抱起过崦嵫山
　　匆匆落日的手臂
能平静地抱住墓上一天一天的黄昏

我不信

那上下求索的脚步，最终
　　就走到这里停在这里
那漫漫的漫漫的路的终点
　　就是回到起点，结束在故园的家门
那飘风，云霓，凤凰
　　以及为太阳驾车的羲和
载他周流四极，却载不起这一方坟土
也在这里邈远散去，踪迹难寻

我不信
那对天发出的一连一百七十多问
　　就这样被一堆泥土填满
地上给他的最后回答和最后一问
竟是这一座问也无声的坟

1982.06.25　秭归山城

香溪

我从月亮里流来
我从星星上流来
流自白雪，绿叶，长青的山色
流自山花山鸟自开自谢的芳菲
无人领会的啼啭

我怎么会流成泪滴
青湿远方坟上白色的草
怎么会流进黄沙流洗刀弓
饮血的记忆
流响琵琶不断的哀弦

让我这样清清流吧

我从哪里流来
我就流向那里
我流成月光，流成星光
流成青山，蓝天，花瓣的缤纷
和鸟翅的飞旋
流成一双双弯弯的眉

连着云中雨中远远近近隐隐约约的山

流成一对对清澈的少女的眼睛

闪烁着今天

1982.06.26　昭君村

巫溪少女

巫峡旁的大宁河谷也有一尊守望成石头的少女像。

从一座座沉默的山后走出
你站在这里。热切的
连你脚下的山也漂动成
起帆的船

不，你再不是一个石化的少女
一个已经够了。你再不是
瑶姬的姐妹，守望
再继续一次千年的梦幻
望夫石
神女峰
阿诗玛的黑色的石林
再一个冰冷在石头上的期待和呼唤？

你是我的发现。像她
天藏媚惑的人体宣言
第一次，你的肢体词语叫出了你

叫住了我，在巫山云的外面雾的外面
是名词也是动词和形容词
移位着变形着转义着
那些蒙羞的负罪的无邪到无耻的词语
那些不可及物的不可捉摸的词语

一个世纪的凝望需要你的眼神
一个世纪的惊疑需要你的眉间
一个世纪未名的表情
需要掠过你的面影
一个世纪的声音和语言
需要问答在你的唇边
一代同龄少男的青春，需要等你
出现在开遍鸽子花的地平线

遮断了一声悠长的回应
遮住了远方一个一个迷离的视点
你走在王府井和南京路，燕园和清华园
作为我的纪念碑，代表今天

一稿　1982.06.30　巫溪舟中
二稿　1988

太阳树

传说昆仑山有一株青叶赤花的树，名叫若木，生长在太阳西沉的地方。

至少屈原曾经望见这株树。他问："为什么在朝阳升起之前，它那赤红的花，就已披着光华？"

他还摘下它的一条青枝，拂着落日，在树下自由自在地徜徉。

你没有看见它的花它的叶吗？

自从太阳
第一次在这个地方落下的时候
我就用落下的太阳栽种
栽种了东方
一个最美丽的想象

一株神奇的树在这里生长
一千个春天
发一片青叶
青得和苍天一样
一万次落日

从树梢坠下

枝头悬起一朵赤红的花

不是残阳

像是受了这株树的诱惑

追着太阳的龙

不愿在地上爬行

长出了生风的爪

　　漂浮在浪涛上的鳞甲

　　和兴云兴雨的翅膀

也为了栖息在它的花叶间

一只凡鸟，每五百年飞进火中

焚掉苍老的羽毛

成了凤凰

既然我栽种了这株树

我就用它的每一片

新叶，拂着自己

拂掉了额头上的

霜雪，憔悴，颓伤

我总是这样年轻

我吮吸了每一朵

芬芳，我还要守候

一枝又一枝花蕾吐出光亮

你真的看不见这株树吗
它摇曳在每一个人的身旁
抬起你的头，数一数
它有多少片青叶，多少春天
它有多少赤红的花，多少夕阳
像我，也把你最宝贵的
　　嫁接在这株树上吧
让它不凋
　　不谢
　　不死亡

人问
　　这株长生的树
　　永远不结果吗
　　为了避免结果的枯黄
我说
　　它没有因成熟而衰败的时节
　　却早已结果
　　它的果实和种子
　　就是太阳

人呵，也摘一个去栽种
看你今天

能够栽种出一个

什么样的想象

1983.05.23　樱桃园

永远的十八岁

她，永远的十八岁

　　　　　　她
十八年的周期
最美丽的圆
太阳下太阳外的轨迹都黯淡
如果这个圆再大一点　爱情都老了
再小　男子汉又还没有长大
准备为她打一场古典战争的
男子汉　还没有长大

长大
力　血　性和诗
当这个圆满了的时候
　　二百一十六轮　满月
　　同时升起
地平线弯曲　火山　海的潮汐
神秘的引力场　十八年
历史都会有一次青春的冲动
　　红楼梦里的梦
　　还要迷乱一次
　　桃花扇上的桃花

还要缤纷一次

圆的十八年　旋转

圆了泪滴　眸子　笑靥

圆到月月自圆

　　　月月同圆

月圆着她　她圆着月

一重圆弥散一重圆　变形一重圆

　　　　　　　圆内圆外的圆

阳光老去　陈旧的天空塌陷

旋转　在圆与圆之间

年岁上升到雪线上的　智慧

因太高太冷　而冻结

因不能融化为河流的热情　而痛苦

等着雪崩

美丽的圆又满了

　　二百一十六轮　满月

　　同时升起

一稿　1985

二稿　1988

黄昏时候

夕阳
把我和李商隐拉到
同一条地平线上
　　牡丹花开败的地平线上
黄昏涨着　从他的眼睛涨过我的眼睛
消失了辽远
一片暗红

就是这一次落日落成了永恒
半沉的　在他的天边在我的天边
　　朦胧了他和我的黄昏
　　朦胧了今天明天的黄昏
　　朦胧了圆满失落的黄昏
　　朦胧了起点终点的黄昏

李商隐的那一个　夕阳
是他刚刚吐尽春天的　蚕
将死还未死　总停在最美的一瞬
　　　　　　　　　等着咬破夜
而我把我的夕阳抛下了

抛成一个升起　给另一个天空
把所有的眼睛拉成一条地平线
　　　　　　开满红牡丹

我的升起会降落为他们的夕阳
在他们的天空下和我共一个黄昏

1985

那几声钟，那一夜渔火

寒山寺
那几声钟　震落了夜半的
月　霜　鸦　震落了泊在这晚的
船和梦　也震落了
钟　此后的钟声都沉寂
还要震落我今夕的躁动成永久的宁静
从未绝响的　那几声钟

那一夜渔火犹自燃着
一个个早晨都已熄灭
渔火自那一夜　燃着
　　一丛不凋的枫
　　暖着寒山
一个秋深过一个秋
在我的身上堆积

我的一切都沉进霜夜里
只有这瞬间照亮的笑容
不会隐去　一个明亮的裂痕
黑夜不能在这一线合拢

等千年后的相见

等一个一个微笑和我相对

围着这一夜渔火　在几声钟之间

1986

四十八种美丽，哪一个是她

那么多虞美人　宋词
也叫不住　她走过宋代 [1]
　　　　突然转过头
四十八种美丽一齐朝我走来
　　　　　　哪一个是她

她走出自己
四十八种美丽
四十八重轨道
同时把我射入
　　　　旋转
挑不起的抗拒与诱惑　眉的
四十八种弯度　弯曲着我
四十八种美丽也走不出
丝绸　一层东方的柔软

影子倒映在清代
十二钗　十二钗又十二钗又十二钗

1　山西晋祠圣母殿有 38 尊宋塑女像。

一块石头打碎

哪一个是她
四十八种美丽
假如我没有四十八种雄伟
一块块再也捏不出男子汉的泥土
                古典成了宋瓷

1986

你是现在

如果没有你的眼睛
那一滴打湿几千个春天的　泪
　　　　　　怎么会打湿我的
那一些妩媚过的妩媚
因为你的回眸　再妩媚一次

有你欲抱的双臂　春潮花潮月潮
　　　　　　　才汹涌
假如你不倾斜　如大陆
天上的黄河也奔流不到海
以你一夕天娇的姿势

假如敞开你的四月
随桃花的红雨　乱落
那么你红雨的桃花　乱落在哪里
再一檐听雨的瓦　不必
再一面满风的旗　不必

你有一个最深的黄昏
淹没所有的傍晚

你有一个滂沱的雨季
　　落尽过去的云
你是现在　现在是你

1986

望

幽州台不见了
幽州台上的那双眼睛　还望着今天
等我偶然一回顾

回头
已经远在他的视线之外
不能相遇的目光
碰不掉他眼眶里
　　　　千年孤独

幽州台不见
寂寞的高度　还在
空濛的视野　还在
太凛冽了
幽州的白日
被距离隔成孤零零的眸子
寒冷地发亮

不用登临　一望
我已在悲怆之上

能在我的眼睛里

睁破这一片空茫吗

仰起头　接滚过幽州的泪滴

从我的脸上落尽

　尽落谁的脸上

1986

远方

远方
我走回童年　走回
我的十一岁　身后的群山拥着走出
还能第二次出发吗
走不出的眺望　在故乡

故乡　我一步就走进汉代走进
司马相如堆砌成了赋的岁月
走到今天这么长
走不到的远方

远方遥望
我四十岁的背影
我少年的脚步　害怕起程
走不回的回头　在远方

只有我身后的群山　不肯退转
还拥着一个个十一岁的早晨

走过我　远方

倒下再多的背影也遮不住的

              远方

1986

时间，从前面涌来

从前面涌来　时间
冲倒了今天　冲倒了
我的二十岁　三十岁　四十岁
　　　　　　　倒进历史
生命不是一块陆地　空间在崩溃
　　　　　　　茫茫的

白浪　把我淘洗一空
背后没有依靠　年代与年代
一些筑在纸上的岸　急速漂去
漂着一个一个枯黄的太阳
漂过史记最早的纪年
在神话的边缘　还是
　　第一次月出
　　　第一个秋
　　第一座南山
　　　第一杯酒

第一个人
时间从前面涌来

1986

汉
语
红
移

吃尽胭脂　词语红移的曹雪芹运动

红楼

一块石头的无数红吻　一场

词语青春的曹雪芹骚乱

墨色的汉字　吃尽少女红唇上的胭脂

追过银河外远飞的星群　红移 [1]

曹雪芹温润的雪　　起伏

雪潮雪浪高过了她冰冷的头顶

冬天禁锢不住的雪

沿着雪线暖暖伸展　严寒就是一种欲望

从雪峰雪谷的颤栗到雪崩的狂喜

雪　一个名词改变了原来的意义

白到了 0 度

如果不是为了融化自己　怎么会是雪

曹雪芹的雪变形变义　云霓　火焰

　　　　　　　　为了烧尽自己

不是撕碎一瓣瓣阳光　埋她

1　红移：Red Shif，宇宙学的"红移现象"。

是她开放了　赤裸的无邪的

从内　把一片片芍药花向外尽情抛掷

炽烈地堆着夏

　　　　堆起无边的缭乱

　　　　堆出醉眠妍红的坟

　　　红芍药　烧毁了阳光

　　　　　　　　季节

　　　　　　　　一角太阳

连同自己一起红葬

红冢里　雪潮云潮暗转成红潮

谁不愿这样陪她葬红　哪怕只有一次

曹雪芹的雪与火　相反相融

泪　又一个名词诞生了

水里的火焰与燃烧中的寒冷

泪花在她的黑眼睛里开到最灿烂

百花外只为自己开谢的花朵　自挽的花

初放就是凋零　垂落

自己浇灌自己的生命　永远的泪循环

泪是能够偿还的吗　偿还给谁

有谁能承受别人一滴泪水的重量

又有谁能洒给他人一滴泪水　减轻自己

泪　雪　云霓

三个女孩　三个流转的水字
吃尽胭脂　碰击儒的头道的头佛的头
追着银河外群星远去的红字　石头的红字
　　　　　词语的曹雪芹运动　红移

一稿　1988
二稿　1994

第一次命名的月亮
给女儿 T.T

词语，重影在
我头顶上的，月影
没有一个
    蚀
    隙

词语击落词语
等你一声叫出，月亮
    张若虚的
    王昌龄的
    李白的
    苏轼的
明月，一齐坠落
天空是你的，第一弯新月
由你升起

你的新月
圆了，又圆在天空

几千岁也不老去的童年

一稿　1988
二稿　1994

原子云　原始着那片云

从我写出那一朵
云　天空就已经旧了

除了
陶潜的停云　不停
王勃的落霞　不落
没有一场落尽云的雨
没有一朵落尽雨的云
重复

篆
隶
楷
狂草
解体又重构那一朵　沉重的飘浮
金　石　木　铅
仿宋仿唐仿汉仿秦　复印的复印
没有一朵订死在天上

就是升起一朵一朵　原子云

也原始不了天空　　原来的笔画

原子云　　也原形着那一片

云　　天空已经旧了

1988

蛹俑

从蛹
咬穿坟墓也咬穿天空

到俑
不是埋葬，就是殉葬

语言后的人，先从玫瑰词旁
偷闻到荆棘丛中的花香

一千个秋天飘落在一张叶子上
走过两极也走不出雪的边疆

哪怕蹉跎出一个词的新边界
哪怕自己的边境也不能逃亡

生于语言，也葬于语言
一个一个词的永远流放

1988

文字　灿烂成智慧的黑洞

王维的长河落日依然圆在黄昏
被阅读与被书写的　落日的落日？

当王维把一轮　落日
升到最高最圆的时候
长河再也长不出这个　圆
黎明再也高不过这个　圆

在日落长河的十字上　无边的圆
所有的高度　方向　沉落在圆的无边
自圆　自照　自我熠耀的燃烧
无思　无言　无问也无答的沉默

空无中的空明　逃离不出的
美的围困　一座光明的坟
终极　完满到不能破出自己
没有第二次的开始第二度的完成

文字　一个接一个

灿烂成智慧的黑洞

我的太阳能撞破这个圆吗？

我的黄河能涌过这个圆吗？

1988

汉字象形，我的形象

汉字象形，我的形象
象形的汉字书写我，生命
我书写的汉字形象，死亡

鲲后
鹏后
飞落天空的飞，飞掉翱翔的翱翔？
在孔子的泰山下，绝顶？
在李白的黄河旁，水漫重洋？
那一篱带露的菊花一开
一菊，我所有的花朵凋谢
我一花凋谢所有的开放？

我只愿走进一个一个
象形我的汉字，我象形的汉字
书写，再书写
　　　　生命
　　　　死亡

1988

司马迁的第二创世纪

虞姬
推倒十二座金人，力静止在她的曲线

她轻轻举起古战场

　　　　在巨鹿

　　　　在鸿门

　　　　在垓下

钢铁与青铜的击杀

婉转在她的喉间　一支歌里

沉船　不过

背后死亡的河

她是岸　漂移的岸

　　　不能抵达

是不过江东的

　　　　江南

不收埋头颅盔甲战马

只种下两行泪

　年年开杏花

水的焦渴　燃烧

大火　寒冷得三月不灭

假如不是最早的焦渴

怎么会最先成为水

在没有水的世界

雪

落满赤道

崩溃的回声滚过月边

推倒了十二座金人

力　全部静止

　　在她的曲线

一稿　1987

二稿　1994

庄子妻
逍遥，她是蝴蝶他是鲲鹏

随她逍遥　游回

第一次呼吸和心跳

最年轻的节奏　翻

　　　　　　滚

　　　　世界

世界0

寂静撞响的悠远的　回声

海洋淹没不了的那一迭　浪

浪成海洋又浪出海洋的　涌动

　　　　　　　　成鲲

飞成天空又飞掉天空的　翱翔

　　　　　　　　成鹏

不归巢的远飞　没有最后的抵达

自己击落自己　终点击落成起点

为她　一个生命力学永远的动词

　　　　　　　　鲲鹏

元初的黑暗　破裂　破土或破晓

> 一线血色一线曙色

痛苦　穿破痛苦的中心

一只红蝴蝶　扇动的红影

所有的边界都消失了

只有色的流

>　色的潮涌　焚烧　炸裂　轰响

>　色生色的华采与湮灭

为他　一个生命美学变幻的名词

>　在飞出自己的一刹飞回自己

>　在飞回蝴蝶的一刹飞出蝴蝶

他和她逍遥　游回自身

他　是她的鲲鹏

她　是他的蝴蝶

一稿　1987

二稿　1994

褒姒
她烂漫男人，烽火桃花

等她一笑
一丛丛无花期的花　开了
烽火

男人的一树树桃花

一笑
灼伤了太阳　熔化了太阳
一笑
残败在最红的开放里
假如烽火已灭　桃花已谢
假如只摇曳没有刀兵的
烽烟

一笑成灰的花下
烂漫男人　烽火桃花
嫣然的战争

一稿　1987
二稿　1994

简狄
凤凰飞来白色的太阳，她孕育青铜

望不过的水平线

银河流艳的水平线

二月的梨花浪

除了银色的奔逐与喧哗在涨

岸和眼睛都已沉没

流溢在表面的深度

横溢不过边际的旷远

无尽的起伏　无底的陷落

无岸的漂流与无涯的漂泊

美的死亡线

不渡的死亡线

一只玄鸟　飞掉黑夜和黑翼

飞出燕子探在春天前面的头　秋风

追不到的雁翅　龟背的千年铭文

重构的生命　凤凰

飞来一团白色的太阳

浴日的狂喜　纯银般的潮声

在涨

高出头　望不过的水平线

一稿　1987

二稿　1994

项羽
他的头，剑，心

落日的响亮　他
砍掉自己的头
保全了心
剑　横在头和心之间
乌骓马踏痛今天

一把火　烧掉了秦代
七百里的黑色
火焰成灰　黑色七百里
他点燃自己的一柱血
最后的火花
俯看烧掉的自己
　　　上升为光明

剑砍掉的
都在剑上生长
除了自己割下的头　割断的观念
他把头颅的沉重　抛给那个
需要他沉重的头颅的胜利者

　　　　　一个失败

心　安放在任何空间都是自由的
安放在人的兽的神的魔的　一个胸膛
　　　　　　　温暖得颤栗

可以长出百家的头
却只有一颗　心

1987

高渐离
挖掉眼睛的一刹，他洞见了一切

太黑了　眼睛

再也升不过黔首　黑色的头

挖掉眼睛

灵魂　白衣冠走出

为自己送葬

一道雪波　拍击

　　　　无边无涯

没有眼睛

就不再等别人的　光

不再等影子　层层叠叠地倒下

在一片没有底的土地

当挖掉眼睛的一瞬

黑暗破了

生命　痛楚得雪亮

筑声

明亮地开放　玉兰花

一盅一盅斟满白色的韵

叮叮咚咚碰亮天空

眼睛窥不见的神秘

突然银灿灿地　泄漏

　　　无边无涯

1987

孙膑
断足，没有凯旋的穷追

断足

他完全放出了自己　穷追

天下的男子　没有一支大军

逃出他后设的

　　三十六计

战场　从不死亡

人类衰老而战争年轻

被黑暗焚烧着

血　必然开成与太阳同株的花朵

死亡　选最壮丽的一朵庆祝生

失去双脚的

地方　路已经走完

空间塌陷在身上　星星

从一面面降旗滚落

在他没有脚的脚下　胜利与覆灭

只是没有一次　凯旋

回到　他断足的

　　　这一天

1987

伍子胥
他用最黑的一夜辉煌了一生

昭关　最明亮的黑夜

一个个早晨凋谢在

　　　　　　门口

黑发

白头

头　碰不破黑夜

碰落了所有的白天

一步踩过

一生　用最黑的一夜辉煌

　　　　　　　百年

白发　一根一根

生长漫长漫长的死亡

一夜摇落黑发上的全部太阳

几万次日出　一齐轰击

头顶

一个白洞
昭关　每一个黑夜
　　　　陷落

1987

司马迁

阉割，他成了男性的创世者

他　被阉割

成真正的男子汉　并且

美丽了每一个女人

无性　日和月同时撞毁

在他身上　天地重合的压迫

第二次他从撕裂自己　分开了世界

　　　一半是虞姬

　　　一半是项羽

他用汉字　隔断

人和黄土　隔断

汇涌成血的水和火　分流

原野的燃烧和泛滥

纵横古战场沿着他的笔　回流

他过去生命未曾收殓的遗骸

一个个倒卧的男女　横陈

站起　人不能倒下

司马迁和他们第二次诞生

送他们到汉

　　到唐

　　到明清

我翻开今天的史记

给他们第三次生命

拒绝掩埋　坟　泥土

　　从未走完的过去

　　没有终结的现在

　　已经穷尽的明天

永远今天的史记

1987

女娲
11
象

象 1
人首蛇身

人首

蛇身

我的遗像，刻在

远古的墓壁和石器上

害怕遗忘

一半是兽

一半是人

兽的最后一步，人的最初一步

我终于从野兽的躯体上

探出了人的头

我在太阳下看见了自己

太阳在我的眼睛里看见了太阳

我靠爬虫的蠕动

靠野兽的爪和蹄

走出洞穴

走出森林

我不得不借用野兽的腿

逃出兽群和野蛮
我只能在野兽的脊骨上
第一次支撑人的头颅的重量
但是我拖着庞大兽身的
头，爬行的肢体拖着我的
思想，也贴着地面爬行

一半是人
一半是兽
一半是未结束的野性
属于岩洞和林莽
阴森与血腥
还压迫在我的身上
甚至要压过我的头顶

在人和兽之间
我已经抬起的头
不能垂下，这一轮太阳

象 2
人，让野兽的躯体死去

让蛇身死去

这长出了人的头颅的

蛇身，必须死去

恐惧，蛇身的恐惧

将吃掉自己长出的异己的头

一口一口咬碎

我前额下未成形的思想

一个正在生成的世界

死去

我每一天死去，不止一次死去

我一天七十变

　　　七十回生

　　　七十回死

羽毛的天空在我的身上死去

甲壳的原野在我的身上死去

鳃和鳍的海洋在我的身上死去

地平线——

我站立起来，伸出了自己的手掌

象 3
我与世界一同开始

我与世界一同开始
弥漫的火，为了照引我的出现
渐渐聚集一点
太阳

意识
像太阳，像地球，像所有饱满的果核
一个运行的天体
一重自圆的轨道一种自圆的外形
我的头颅

土地伸展，伸展成我的
肌肤，温暖在风外在霜外
草木蔓延，蔓延成我的
黑发，在我的头上摇落星月和四季
雨露，一滴一滴，滴落成清泪
从我的脸上开始洗雪，恸哭，悲悼
天空上升，上升
我眼睛的天空

我的天色与眼色，一色
我的天象与心象，同象
我的天际就是我的额际，无际
　　　　没有最后的边疆

　　天
　　地
　　太阳
展开了我的形象
我的形象展开了天，地，太阳
我与我的世界一同开始

象 4

黄河边的第一个七天

孤独

一切将要升起的太阳

都等待我，我等待

　　　谁

我走向黄河

我把自己的苦闷和无边黑夜的一角

揉痛了，揉红了，红成第一只雄鸡的

冠，昂起我的第一个黎明

时间开始了

第二天，我忠诚的呼唤回响成第一条犬

驱逐寂寞，追过猎火渔火点点的灯火

我放牧一团团温驯的情感，第三天第四天

放牧成白云般缓缓移动的羊群，荒原被我驯服

第五天，黄土高原在我的手上移动了

移动成一头头牛，负起我的轭

第六天，黄河的浪涌过我的手中

涌成扬鬃的马，驮起我的

弓箭

盔甲

英雄的功勋

出生入死的骁勇

第七天。已经第七天了

我把生命的一半

揉进黄河

揉进山峰和岩石

揉成男子汉。让他走过

神坛，王座，战场

在他的肩膀下

经受得住所有的哭泣和战栗

靠在他的胸口上

　　　　不会崩溃

我把另一半生命

揉进杏的眼

揉进多瓣的莲心

揉进丁香和芭蕉

永远不愿解开的缱绻

揉成少女。依着她的美丽

　　　　　　不会倾斜

漫长的七天。我走进了神话

他和她，走进了历史

象 5
我不是斯芬克斯，我回答

面对斯芬克斯的死亡之问
谁第一个作出生的回答：人
谁就承受人自我意识的千年痛苦
不敢自照自认，盲了在太阳下的眼睛
等到黑暗的尽头，死亡何等炫目

谁让兽，让哪怕长出了人面的狮身
倒毙在自己的脚下，谁就命定
天谴的放逐与流亡
由原始的图腾宴到基督的圣餐
集体谋杀了自己父亲的儿子们
分食父亲遗体的成人祝庆
父亲的血肉之躯生长在儿子们的身体上
父子一体中的分裂与分裂中的父子一体
一再重复死难——复活的叙述，生命
认同，弑父原罪的忏悔记忆
转喻为认父的感恩纪念

我回答

我以人首蛇身和洪波九曲的黄河

回答，反照天空的龙

同风，同云，同天地同四季追赶太阳的运行

我是宇宙第一次找到人身形式的生命

我回答

龙远去，隐去

我以不远不隐的蛇线，运转

成不绝不断的线"——""———"，运转

成互动两极的点"："，运转

成起点重合终点的圆"⑦"，运转

从一，从无序展开的有序一

到一，到打乱有序的无序一

不等待十字架上的拯救

圆外的涅槃

一切，就在一生与一身，今生与今身

完成，实现

我回答

我以长过岁月的蛇线回答

以黑陶云纹青铜雷纹的回环

以钟鼎甲骨上汉字点划的纵横

以没有开始没有终极，墨色一画

象 6
五十万年前的头盖骨下二十一世纪的思想

五十万年

像是大地又一次隆起

我的额顶。藏着往日的年华和记忆

头盖骨，像是神迹

埋在地下

头盖骨

五十万年

已经是一片古老的地层

我寻找未来却发现了过去

我把它当作希望挖出

惊倒了多少头颅。纵使极目

回望我五十万年的岁月

没有一个能够从这岩层下火层下

挖掘我冷却在三千年的思想

错了。所有的眼睛

都注视我今天的前额吧

我头盖骨下的熔岩，一个早晨成形

再一次隆起明天，二十一世纪

就是我头盖骨的形状

象 7
补天

抛出我，补天
抛出我的头颅和身躯有多大
天的缺失就有多大
填进我的头颅我的身躯
无痕的掩埋塌陷与倾斜
一次天葬，一次葬天

坟，我随着泥土生长
又一副头颅和身躯破土
又一抔黄土，收殓我的遗骸
土葬与葬土填不尽的岁月
我细胞一样生殖着的墓群
埋不下死亡

象 8
奔月，射日

他和她
因为分离而存在
而永昼永夜，寻觅

他射日，射出也同时射落
自己，环天的太阳
环绕他开放

一个接着一个坠隐
如月的背影，望不见面影的
追寻，永远的追寻

她飞天，奔月
也飞离不出阳光
是为了飞回太阳的飞离？

背影如月，距离
假如每次相遇都是初遇
一瞬转身，朦胧的月色颤栗

象 9
刑天

刑天

当额与天齐的时候

额际与天际一样苍老

　　　　一样苍茫

抛掉它，把额与天的衰变

投掷在脚下

又一副少年的额

又一重破晓的天

亮出一条辽远的天地线

　　　　　刑天

眼睛也老去

睁开双乳的眼睛，追踪

开天的第一次日出

口舌也老去

张开肚脐的嘴唇，一声

自己的语言，重头叫响万物

　　　　　刑天

象 10
墨写的黄河

蛇线

黄河

从第一点水流泻

从第一点墨书写

点

划

纵

横

且点

且划

且纵

且横

没有一点墨溅落

在长过岁月的书写长河外

蛇线

黄河

在每一个汉字上

前人、今人与未来人，未期的相遇
在每一个汉字上
明天、今天与昨天，无期的相守
每一笔点划的期许，今人回答前人
每一笔纵横的期待，明天回应今天
是预约也是先期的回声
我的墨写的黄河

象 0

普罗米修斯的火与鹫

只剩下焚烧自己了

四周都是灰烬

才一天，我的眼睛已黄昏了天空

鲜红的血，渐渐

把胸膛暗紫成黑夜

为再睁开一个早晨啄瞎我的眼睛吧

为再抱起一个太阳啄空我的胸膛吧

余火，把一团最沉重的黑暗

煽动成鹫的狂飙

啄瞎了我的黄昏

啄空了我的黑夜

鹫背上升的又一个黎明和天空

无穷尽的生喂养的死亡

是太黑了，连黑夜也托不起鹫

　　　　　　　　盘旋的黑翼

比黄昏沉落得更快的黑影

比黑夜沉落得更快的黑影

为再飞起一个早晨击沉我的眼睛吧

为再抱起一个太阳击破我的胸膛吧

沉落，鹫的一团黑暗

飞舞成最灿烂的冲击

击沉了我的黄昏

击破了我的黑夜

又一个黎明和天空上升鹫

　　　　　　黑色的翱翔

无穷尽的死亡喂养的生

释迦牟尼的鹰与鸽

罪孽，在此岸

解放在红尘中

王子抛弃未加冕的

王冠，重生在菩提树下

救赎自己，涅槃

佛，一边是鹰，一边是鸽

一刀一刀割下自身的血肉

喂鹰，为了拯救

一只鹰爪下的幼鸽

一刀，一刀的佛体

喜马拉雅雪峰间，珠穆朗玛

峰，崛起，破天的海拔
峰顶与佛顶，同高
红尘中人的高度？
一边是鹰，一边是鸽
佛掌上的罪与赎，无涯

庄周的蝴蝶，蝴蝶

无极，无极之外复无极
有始，有未始有始

吾与天地并生
万物与我为一

独与天地精神相往来
而不敖倪于万物

庄周梦为蝴蝶
栩栩然蝴蝶也

不知周之梦为蝴蝶与？
蝴蝶之梦为周与？

一稿　1983 年夏
二稿　2009 年

黑陶罐

1976　黑陶罐里清莹的希望

又是洪水。混浊的泛滥
只有你的眼睛
我最早的黑陶罐
存下的一汪清莹
　　我和你相对

大火不熄。书籍和画卷
焚烧着你美丽的影子
你笑了，蒙娜丽莎的笑
才没有在唇边枯萎，没有成灰
　　　　　我和你相对

不知是第几次崩溃。我不再担心
罗丹的《思》也被打碎
有你梦幻的额角，白色的大理石
都会俯下冥想的头，倾听
　　　　　我和你相对

有过洪水。大火。崩溃
一个由你的眼睛完成的形象

在你的眸子里，我看见了自己
黑陶罐里清莹的希望
　　我和你相对

1976

1970 彗星

我的 1970 年彗星
击落所有的轨道，烧破天空

已经有多少年多少年的等待
诡奇的星，你才照临我的空间
一个燃烧的灵魂，前面用自己的光辉铺路
甚至没有黑色的影子拖在后面

你不愿作一颗遥远的恒星
冷漠地环顾四周的黑暗
茫茫天海湮灭了它的光芒
在它塌陷成黑洞之前，早就沉落
　　　　　　在自己辉煌的顶点

你不愿作一颗无光的行星
重复着固定的轨道，寂寞地旋转
路镣铐着脚步，一周比一周缩短
直到跌落在自己暗淡了的太阳上面

你不愿作一颗盲随的卫星
像月亮，一步步踯躅在地球的背影下面
它连自己的面容都被遮盖了
常年是缺月半影，斜挂在天边

你不愿作一颗易逝的流星
只在光明中走过自己道路的一半
那冰凉的陨石，片片坠落
天上的昙花过早凋零的花瓣

星空，你没有选择一个归去的星座
也没有迷失在一片星云一重星团中间
你是一轮飞翔着的太阳
　　既似恒星——在喷火
　　又似行星——在飞转

你时时为熊熊的巨星吸引
追着强光，不惜走着弯曲的路线
即使在长行中被突遇的外力撞击
你也一路流光，光流不散

你传递着星与星迢遥的问安
你应答着光与光琳琅的语言
你来了，满天是旖旎的梦

你去了，带走多少欲飞的心愿

彗星，此后何年
你的火弧光弧才会再一次把我照见
是无望的守望，等你重临地平线时
我这走不出的路，也跋砥不到天边

或许，只要你曾照耀过我一次
我在尘垢中也能变得和你一样绚烂
或许，在我送你远去的一瞬
我已经找到了和你一样华炜的起点

你击落了所有的轨道，击破了我的天空
请给我一夜火花吧，点燃我
哪怕只是一场火流星雨
假如不能随你飞天，随你运转

一稿　1970　潮白河畔
二稿　1980

1975　青铜世纪残片

潼关破了。秦王的雄兵
泥化成兵马俑的方阵
守住骊山下无门的墓穴
守住陷落的咸阳

守住商鞅韩非李斯的黑影
随着阳光变色，亡魂不亡

1975

北京古司天台下

　　古城。落日。断城上古老的青铜仪在越来越暗的
暮色里望着也问着越来越黑的天空。
　　1966 年 8 月，一个苍茫的黄昏，我来台下翘望。

这就是观过数百年阴晴动静的地方
我独自来问取未来天时的预兆
一段废城
倒在斜阳

站在这里，星空
也锈蚀了太高的肩膀
无边的宁静
悸动在胸腔

明天的天空重复昨天的天空
太阳已老
风云仍小
一声千年前的乌啼，早已
黄昏了今天

今天的黄昏这样长

我来问天，在这向天下告警的地方
我站成长长的黑影
穿过黄昏
眼里是黎明的夕阳

把喉震破把心震碎吧
回应那声天倾地覆的巨响

1966

地平线

地平线限制不了我们的视野
那不过是天和地虚设的界限

我们继续朝前走吧。地平线
随着我们前行的脚步不断移前

1956

星

数落了一颗又一颗星

明丽的星外，还有
这样多的朦胧这样多的黑暗
那是等待，留给我们
作为星升起的空间

1956

第二重天体

断章　致 D.D

我愿借取你的一分光明一分热力

加速我思想的星云，升起第二重天体

1957

下卷　第三个眼神

还是那个太阳

我的 2007 独白

一个没有明天的黄昏，不是前夜

有多少双眼睛延长了那个黄昏？

1991 年 12 月 25 日的落日落下了克里姆林宫上空的那一面红旗，一片最后的落霞。

落下了，一次没有开始的结束。向往千年的"明天"过早失落了，到黄昏，再无人守候黎明。俄罗斯有暮色连着曙色的白夜，还要有回到昨天的明天。还有多少双眼睛在延长那个黄昏？

戈尔巴乔夫是被黄昏淹没的第一个人，尽管他是在一个早晨，并且是为了一个开始，走上克里姆林宫那个命定的位置的。1985 年 3 月 11 日凌晨，莫斯科郊外别墅还带着晓霜的花园小径，留下了戈尔巴乔夫和赖莎来来回回踱步的脚印。再也不能这样生活下去了！戈尔巴乔夫对赖莎说。这句半是诀别半是期许的话，一旦从果戈理的人物中喊出，就在屠格涅夫的巴扎洛夫、托尔斯泰的列文、陀思妥耶夫斯基的梅斯金们的嘴边，一再重新响起。戈尔巴乔夫没有意识到，他说出的不过是他们隔世的尾声。他原本是来结束俄罗斯生活的果戈理戏剧，却成了果戈理戏剧的最后一个人物，仿佛他不上场，果戈理的俄罗斯戏剧就不会落幕。结束了。

向谁谢幕？

没有明天。戈尔巴乔夫的黄昏回忆，因为庆幸赫鲁晓夫和安德罗波夫早他辞世，尤其显得凄迷。他们不必像他那样，面对历史对他的失望和他对历史的失望了。或许，对于戈尔巴乔夫，只有不尽的黄昏能够隐藏他的失望和对他的失望。在他前面，赫鲁晓夫留下一个希望走了，即使孤寂地走进圣处女墓地的静谧中，也是一个永久的等待。安德罗波夫再留下一个希望走了，国葬的炮车、旗阵、战刀和礼炮过后，也是红场陵园安德罗波夫角的永久回望。戈尔巴乔夫的身后只有无边的黄昏，黄昏有多长，他的失望和对他的失望就有多长。无尽的戈尔巴乔夫暮霭。

无尽的暮霭。

连萨哈罗夫院士也没有或者不愿走出那个黄昏。20世纪70年代，在一个又一个11月7日风雪的夜晚，萨哈罗夫年年孤独一人肃立在莫斯科普希金广场。静静的雪地重叠了他和普希金铜像的身影。普希金几乎就是自由俄罗斯的一个召唤词。我的名声将传遍整个伟大的俄罗斯，它现存的一切语言，都将传诵我的名字，无论是骄傲的斯拉夫子孙，是芬兰人，以及现在还是野蛮的通古斯人，和草原上的朋友——卡尔美克人。但是铜像下的萨哈罗夫是一个沉默的回答。俄罗斯雪祭，映过十二月党人的绞刑架，映过向西流亡与向东流放的路，也把萨哈罗夫孤零零的广场映在自己的白色雪史中。

俄罗斯听到了萨哈罗夫氢弹的爆炸和他无声的愤怒。不过，无论是前期萨哈罗夫的政治物理学还是后期萨哈罗夫的物理政治学，都不属于"明天"。消失就消失在黄昏的朦胧里吧，何必不到黎明，消失在暧昧时辰的暧昧人影里。守着黄昏的萨哈罗夫可能是一个离戈尔巴乔夫最近的人。

在戈尔巴乔夫的黄昏前，曼德尔施塔姆也一直生活在果戈理背后的黑夜里，黑夜太长了，以致他有一双**被嵌入黑夜的眼睛**。眼睛，一双双望不破黑夜的星辰，落进了黑夜，加深了黑夜，甚至，嵌进黑夜——他的眼眶成了黑夜延展的新边界。

黑夜和地狱是一种颜色。古米廖夫、曼德尔施塔姆和阿赫玛托娃注定是生来重读《神曲》也重写《神曲》的。他们在俄语中找到了"但丁的语言"。他们俄语的 Данте（但丁）就是 Я（我），除了斯大林，大概没有第二个人不叹赏他们这一个世纪性的人称代词。"但丁的俄语"是他们的独白，对话，询问，引言，转述，插入语和应答的肯定词与否定词，尤其是突然映照他们一个个相同字词的千年互文。曼德尔施塔姆的《论词语的本质》引古米廖夫的《词语》为题辞，阿赫玛托娃的《关于但丁的演讲》又是曼德尔施塔姆《关于但丁的谈话》的尾注——他们的词语与词语互相碰响，擦亮，一个语言冷辉照人的"白银时代"，与雪同色。囚禁，流放，处决，他们的语言都拒绝再增加一个愤怒词，仇恨词，诅咒词。出于人的高贵和高尚，他们宁肯把地狱改写成炼狱，把苦难改写成受难，把牺牲改写成祭献，他们面对生命的毁灭是悲悼：曼德尔施塔姆和阿赫玛托娃悲悼古米廖夫。阿赫玛托娃悲悼曼德尔施塔姆。阿赫玛托娃之后，他们银灿灿的词语，就是教堂的白银祭器，悲悼。

而且，欧洲所有的语言，都把他们"但丁的俄语"听成了某种文化的乡音。虽然遥远，但是欧洲没有断裂，俄罗斯也没有陆沉，但丁在，以 Данте 为第一人称的白银语言仅仅是暂时沦陷的文化遗民的语言。

把眼睛嵌在黑夜边上，如果有明天，那就是离第一线晨曦最近的地方了。1933 年，列宁格勒，阿赫玛托娃在曼德尔施塔姆面前吟诵《神曲·炼狱第 30 歌·贝雅特丽奇现身》，曼德尔施塔姆的回答是两眼泪水。1965 年，莫斯科，只孑遗下阿赫玛托娃一个人了，她在但丁 700 周年诞辰纪念晚会上仍然憧憬贝雅特丽奇再临的日出。贝雅特丽奇出现在晨光与天使们"满手分送百合花"的花雨里，她的身姿使与青天一色的橄榄叶冠、白色面纱、绿色披风和火焰红长裙成为生命的图案：信仰，希望，挚爱。可惜，地狱过去了，炼狱也过去了，无人守候黎明，也没有贝雅特丽奇的降临日。谁还站立在全世界的面前？曼德尔施塔姆们早已把自己的眼睛嵌进黑夜，好像是为了不俯视今天嵌满天堂什么也不眺望的眼睛。

可能只有帕斯捷尔纳克瓦雷金诺黄昏后，远远弥漫到戈尔巴乔夫日暮。帕斯捷尔纳克的日瓦戈站在门廊的台阶上，目送拉拉的雪橇远去。远方，从旷野开阔的雪地，雪橇飞驰过斜阳余晖的一刻，拉拉就是他的斜阳，更远，到峡谷那边雪原尽头蓝色的雪线，绛紫色落日沉下和雪橇一闪即逝的一瞬，拉拉就是他的落日。晚霞洒在雪地上的紫红色光点渐渐黯淡成蒙蒙的暮色，像是拉拉迷茫的回眸，仿佛还近在眼前，却已经远在天际。日瓦戈对映在自己身上的晚霞说，**谢谢，用不着照我**，他惆怅的目光也断在天边。Λa Λa!

那个帕斯捷尔纳克的夏娃，像是几千年的最后怀念与最初的悼念，在一个末日还原了她创世的诱惑。在一个末世，曹雪芹从一个少男的眼里看到了一代少女，在另一个末世，帕斯捷尔纳克从一代少男的眼里看到了一个少女。拉拉！一个世纪的惊疑需要她的眼神。一个世纪的怨诉需要她的嘴唇。一个世纪苦痛的全部主题需要书写在她的脸上。最主要的，一代同龄少男的青春需要她16岁少女"大胆的体态"。她是同代男孩眼里的第一个女孩，而且，她一走进他们的视线也就永远遮住了其他的女孩。他们也用自己最高的天赋回报她的美丽：一个以使徒一样殉难的狂热，另一个以在铁与血后尚存的柔情，第三个以逃避或者抗拒乱世的审美的自赎。

拉拉的天性是要叫出大地上所有事物的名称，但是，她和"革命"的安季波夫、"反革命"的加利乌林以及由彷徨在两者之间到挣扎在两者之外的日瓦戈，都为读懂书本上的词语耗竭了一生，直到被写进同一本历史书的同一行字：世纪梦的幻灭和美的毁灭，他们见证。

帕斯捷尔纳克的瓦雷金诺惜别也是瓦雷金诺期待。所以他把《日瓦戈医生》的尾声写成《战争与和平》尾声的续篇。不过，尽管 1945 年柏林凯旋的一代也像 1812 年巴黎凯旋的一代一样，来瞻望"明天"，毕竟 20 世纪 50 年代重复的 19 世纪 20 年代的"明天"，早已是"昨天"。其实帕斯捷尔纳克对托尔斯泰的重复叙述，也就是 20 世纪俄罗斯对 19 世纪俄罗斯的重复叙述。

没有明天的一代——不管是抛弃了明天，还是被明天抛弃了。也许等到第 5 代或者第 7 代的拉拉出现在一代少男地平线上的那一天，等到她用自己的词语重新叫出大地上所有事物名称的那一天，才是明天？

在同一个太阳下，欧洲"–"法的历史与明天的"+"法

还是那个太阳，还是太阳下历史编年的重复叙事。

从 2000 年《京都议定书》拒签，布什的英语说"不"，希拉克的法语、施罗德的德语和普京的俄语说

"是"不再是一个肯定词，到 2003 年出兵伊拉克，布什的英语说"是"，希拉克的法语、施罗德的德语和普京的俄语说"不"也不再是一个否定词，或许帝国偏移了，一个由美国英语表示肯定与否定的时代已经开始。

亚历山大大帝的古希腊语和征服者恺撒的罗马拉丁语，都不曾有过这种话语霸权。

隔着大西洋，布什的英语重新叫响了戴高乐的法语。欧洲人的欧洲。从大西洋到乌拉尔的欧洲。戴高乐是第一个说出这句话而且几十次重说这句话的欧洲人。戴高乐的加法，一个同欧洲一样大的想象，也是一个同欧洲一样大的真实。

在欧洲，一个战争的世纪，既然是从塞尔维亚人的第一枪开始，也好像一定要等塞尔维亚人的最后几枪才结束。枪声零落了，欧洲的政治家们似乎仍然走不出"版图""国界""占领区"等词语的边界。他们的政治数学也一直停留在初等的"－"法和"÷"法上。他们在用减法分割过奥匈帝国、用除法分裂过德国之后，又让南斯拉夫联盟在连续的减法中解体。

这是欧洲最后的减法？当欧洲就是世界的时候，他们尽可以在 10 年战争、70 年战争、100 年战争中减下去。现在，世界已经远在欧洲之外，再减就将减到零。

加法的欧洲。其实，莱茵河的水，阿尔卑斯山的雪，地中海岸的阳光，等等，从来不问什么加与减。况且哥白尼的太阳，牛顿的地球轨道，还有爱因斯坦不可分隔的时空，也没有给欧洲带来多少共同的珍惜、珍爱与珍重。甚至连欧洲精神的许多共名，诸如堂·吉诃德挽歌，浮士德梦想，哈姆莱特追问，以及改变了他们耳朵的贝多芬音乐和改变了他们眼睛的凡·高色彩，也都不曾完成一次文化的加法。

仍然是平衡、均势的帝国力学，需要一个横跨大西洋的等式：51 州的美利坚合众国与欧盟宪章的欧洲等式。

其实加法不过是减法的还原。也许像历史欧洲的减法从来减不尽一样，欧洲明天的加法也永远加不完。

法德的大陆轴心。

英国，海涛中的岛屿，好像离大西洋的美洲岸近，离大西洋的欧洲岸远。你要知道，当我必须在欧洲和海洋之间作出选择时，我总是选择海洋的。战时，丘吉尔不止一次对戴高乐说过。那自然是一种能够改变海洋的英国岛屿，也自然是一种需要大陆改变的英国距离。

还要加上乌拉尔山东麓与西麓的俄罗斯。大西洋的欧洲也从俄罗斯的太平洋岸，与北美大陆等距离相望。

俄罗斯又回到自己的双头鹰下，虽然它曾随尼古拉二世的皇冠坠地。从拜占庭灭亡的废墟上飞来的双头鹰，一头是拜占庭，一头是罗马。

回到彼得堡，拍岸的波罗的海依旧，守望的青铜骑士依旧。这是天意开启的一扇窗口，我们从这里瞭望欧洲。其实，岂止是窗，又岂止是望？即使是门户也远远不够了。俄罗斯需要有自己伸向大西洋的海岸线。彼得一世之所以敢冒险在瑞典大炮的射程内，在涅瓦河口的沼泽地，兴建帝国的新都，因为他的脚下必须有一个千帆待发的港和一座不容许攻陷的城。

彼得一世知道，由拜占庭到罗马不仅远隔着空间，更远隔着时间。他用漫游西欧的几千里路程走过了西欧的几百年岁月。1717 年，巴黎索邦修道院，他在拥抱红衣主教黎塞留的半身铜像时大声说，*我宁愿舍弃我的一半国土，为了让他教会我怎样统治国土的另一半。*一个著名的彼得一世减式。俄国的一半等于多少？彼得一世谦恭的俄国减法还原了黎塞留主教法国野心的加法。

对彼得一世的减法，先是拿破仑的法国，后来是希特勒的德国，都进行过同样没有结果的逆运算。如果说拿破仑在俄罗斯冰雪中的溃败完成了他在埃及骄阳下的远征，并且以放逐巴黎结束了他的巴黎凯旋，那么希特勒只不过漫画式重复了毁灭罢了。而从巴黎回师的路上，走回了 1825 年 12 月 14 日参政院广场起义的近卫军，从柏林回师的路上，又走回了 1991 年 12 月 25 日降下红场上最后一面红旗的一代。俄罗斯越过拜占庭走回罗马的路竟然是反向的。罗马还在远方。

太阳正年轻，加减重复的历史已经老了。

数学的逻辑不会停止，何况彼得一世并不仅仅追随普鲁士的步兵操典与巴黎芭蕾的脚尖。俄语，在拜占庭的基利尔希腊字母表之后，彼得一世敕令，希腊语的词语、拉丁语的词语直接成为俄语的词语。这是希腊拉丁化之后的斯拉夫化。

改变了俄语也就改变了俄罗斯和俄罗斯人。从那时起，汹涌在法语、德语、英语、意大利语中的思潮，无须过渡，也随波在俄语中澎湃，哪怕在拉丁诸语中是早潮，到俄语已经是晚潮，哪怕晚了一代人，二代人，甚至三代人。经历了尼古拉一世监禁、流放、绞刑的30年，在俄罗斯，恐怕也只有俄语的词语没有改变自己的性、数和格。

甚至不是隔岸潮声。1827年，赫尔岑和奥加辽夫在莫斯科燕雀山发出了他们少年的"汉尼拔誓言"。1836年，恰达耶夫的《哲学书简》是俄语的黑格尔和谢林，斯宾诺莎和笛卡儿，是俄罗斯黎明的消息，或者黎明不再到来的通知。30—40年代，在斯坦凯维奇—别林斯基小组的哲学、文学聚会上，每一个震响过巴黎的法语词语，又一次一次听到了震响莫斯科的俄语回声。那是一场场语言的狂欢。像巴纳耶夫回忆的那样，谁也没有料到，这是青春的最后欢宴，是对最美好的前半生的送别，没有料到我们每个人已站在一条边界线上，在边界的那一边，等待我们的是失望，是同友人的分歧，是各奔东西和预期之外的长别离，以及过早逼近的坟墓……虽然莫斯科小组的"落日时分"也同样冥蒙，虽然人散了，人去了，但是那些带着几代人呼吸、心跳和体温的词语，在他们的别离之外，歧路之外，坟墓之外，甚至失败和背叛之外。

过去了 100 年。即使布罗茨基流亡异域，也仍然流浪在俄罗斯语言的词语间，流浪在俄罗斯语言的故土。他走不出俄语的边界。**语言起初是他的剑，接着成为他的盾，最终变成他的宇宙舱，那永远抛出而不回收的宇宙舱。异乡，外太空般的绝对孤寂，一条不归路，并且永远没有到达，布罗茨基庆幸还有最后守住他的宇宙舱——母语舱。**

波罗的海两岸相对，布罗茨基从彼得堡眺望斯德哥尔摩，又从斯德哥尔摩回望彼得堡。眺望与回望同一条波动在天海之间的水平线，布罗茨基的俄语与瑞典语对话，斯拉夫语与拉丁语对话。我们呼吸相同的空气，品尝同一种鱼，被同一场——有时被放射元素污染的——雨淋湿，在同一个大海里游泳，看惯了同一种针叶林。由于风向不同，或者我看到的云先已被你看过，或者你凝望的云已先飘过我眼前。同风，同云，同雨，同海洋，同样开阔的襟怀和视野，最重要的，同一个希腊文化母语和故乡，同，加法，甚至已经是乘法了。

在每一条地平线或者水平线上，既然是数学，为什么不演算下去，不继续求出法兰西的艺术狂想、德意志的哲学思辨、俄罗斯灵魂拷问的自审意识，以及西班牙的激情和意大利的风情——种种天资天禀的相加之和，相乘之积，直至完成托尔斯泰历史微积分学的某种方程？为什么不？

假定这样，那么在年轻的太阳下，岁月还小，时间还小。

在同一个太阳下，同样写进《圣经》《古兰经》的词语与记忆

巴勒斯坦人的太阳，又一次撞碎在耶路撒冷阿克萨清真远寺的台阶上。2000 年 9 月 28 日，以色列士兵开枪射击在清真寺门前站成人墙的穆斯林，台阶上台阶下的一汪汪血泊疑似他们太阳的碎片。

那么以色列人的太阳完整吗？至少，每天从以色列士兵枪口上升起的太阳，也往往缠着黑纱为自己的儿女送葬。他们的阳光照不干耶路撒冷犹太所罗门圣殿遗址"哭墙"上的泪痕。

在耶路撒冷，在清真远寺台阶与犹太圣殿哭墙之间，虽然近到容不下一条国界，却近到能够举枪射击的距离。

巴勒斯坦，*法利赛人的家园*之后，在希伯来语中是家园，在阿拉伯语中也是家园。巴勒斯坦是《圣经》的篇章，也是《古兰经》的篇章。与希伯来文的加沙、约旦河、西奈山写进《圣经》也就永远写进以色列人的民

族记忆一样，阿拉伯文的穆罕默德耶路撒冷宵行，一个真主天启的新月之夜，写进《古兰经》也就永远写进了巴勒斯坦人的民族记忆。而且，直到今天，巴勒斯坦人麦加朝觐穿越加沙的路和以色列人远望西奈山的视野，仍然重叠在这片土地上。

大概离天最近的地方也就是最深地陷落在苦难里的地方。来到这里，摩西叫出耶路撒冷，安宁之所，麦基洗德叫出耶路撒利姆，和平之城，与其说是一个祝词，不如说是一声千年的祈语。地球似乎并非从现在开始变小。既然在历史上，三种教义的一块圣地，用那么多十字架下的坟墓和新月下的坟墓都不能埋葬哪怕一分仇恨，那么到今天，一座都城的两个国家，又岂能分享完整的安宁与和平。三种宗教的无形板块，如此重合、挤压、碰撞和断裂在地中海东岸这片大沙漠边缘的祖露地带，远比有形的大陆漂移神秘。

这不过是无尽重复中的又一次重复。现代巴勒斯坦重复的死亡叙述，已经远比古代巴格达逃避死亡的一千零一夜叙述长。还要长过零一千夜，零二千夜？巴勒斯坦升起来的还是那个太阳，谁该流徙到另一个更加荒凉的星球上去？

犹太民族终于走过了1938年，走过了奥斯威辛——现代的"巴比伦之囚"。但是重写纪元前《出埃及记》的以色列人，没有诞生第二个摩西。

没有摩西，还有上帝的选民吗？大迁徙的尽头是还乡。出西奈山，出加沙，出约旦河……出，即使是以色列人最早到达的地方，也从来是异乡，而流散的以色列人归来，他们往日的漂泊地又早已是他乡。既然头颅高高靠近上帝，也不能救赎脚下的苦难，既然天国辽远的边界，甚至抵偿不了国界守护的一隅平安，一个世世代代排列在通向神的台阶上的民族，现在，排列在通向生或者死的战壕里。而且，以色列人，既然在散居混居中始终保持着自己的民族一体性，始终没有改变自己天聪的灵智与抗拒厄运的民族性格，当他们重新定居聚居的时候，如果不是无敌的，至少也是无惧的。到底是什么破灭了，毁灭了？第一次放弃希腊人性的瑰丽，还要第二次放弃希伯来神性的天慧？正是摩西选定犹太民族是神圣的，并决定了他们千百年来的命运。犹太人不断强使自己增大本能性放弃，因此达到了——至少是在教义和戒律上达到了——古代其他民族甚至不曾接近的伦理高度。摩西神启的高度。但是，走不出自己，以色列人终究由摩西五卷书上的历史—文化空间退回伯利恒—耶路撒冷的地缘空间，不管是一个站立在《圣经》上的民族，选择倒在战场上，还是一个生在摩西语言里的民族，宁愿活在大炮、火箭和导弹的语言里。

以色列人停下来了，哪怕因为不堪的重负，他们停在哪里哪里的土地就塌陷，他们也停下来了。

可是再也找不到书写《出巴勒斯坦记》的地方了。巴勒斯坦人到哪里去？处处都一遍又一遍写满了历史。依旧是部落游牧的继续，争夺狩猎地的继续。所谓新大陆，在被叫作一个欧洲姓氏 America 的瞬间就已经是旧大陆了。凡人类到达的都是旧大陆。即使是第一代欧洲的移民和非洲的奴隶，也不过是去复制第二个欧洲罢了。他们的 New York（纽约）、New Jersy（新泽西）、New Orleans（新奥尔良）……对一些人是异域的故土，对另一些人是家园的乡愁。而对巴勒斯坦人来说，没有第二个阳光、棕榈、地中海风和新月的巴勒斯坦，何况并没有为他们准备第八大陆。

巴勒斯坦人只剩下身体的盾牌。冷兵器的对决之后，文明用枪弹炮弹导弹把谋杀和死亡推向看不见的远方的距离，被巴勒斯坦的人体袭击还原回零。20 世纪引爆核——21 世纪接着引爆生命。里根与戈尔巴乔夫终于微笑着签字，他们彼此只保留可以摧毁地球十几次的热核装置数目就够了。巴勒斯坦与以色列的跨世纪谈判却似乎一直找不到人体炸弹装置的限额。曾经有过改变历史的英雄断头，落马，刀剑坠地，但是，巴勒斯坦人甚至决绝到不留下名字，面影，遗言，一句话，不留下任何人称的叙述给历史的虚构。生命不过是一个死亡装置。当自杀的残忍在对抗屠杀的残暴，残酷是没有主语的，而且，回答巴勒斯坦，残缺的世界连愤慨，连挽泣，甚至连那一声人间怎么还会有音乐的叹息，都已丧失。太阳正年轻，生命这么早就已经老了？

　　装置。我们装置着世界，世界也同时装置了我们。在巴勒斯坦"人体的死亡装置"面前，我们从装置摇篮和童话到装置坟墓和陵园的一切装置，装置在史册在纪念碑，在刑场在战场，在经卷在金粉，在山在水在田园……都已解体。

　　好像杜尚也在等待，人体的死亡装置总算完成了从他开始的装置艺术的最后装置。在杜尚后的物与废物的世界，谁又能够区别艺术品与非艺术品？假如艺术依旧意味着解救或者解放，那么物与废物装置的艺术恰恰在于与非艺术装置的物与废物的混同：因为不到物与废物淹埋尽世界和人，这一装置与被装置的宿命就不会终止。

　　萨尔瓦多·达利也不得不为了逃离一种装置而进入另一种装置，例如进入他在默尔瑞斯饭店一套豪华客房的自我装置。壁炉架上，一个西班牙末代君王阿方塞十三世头像的铜面具，半侧面，斜睨着走过他面前的每一张隐藏在无形面具后面的脸。靠近镜子，两边，一具琵鹭骨架和一条响尾蛇骨架，与不时映在镜面的女性乳、腰、臀、腿的诱人曲线重叠。加上光、色、投影、变形的怪异，人们仿佛置身在种种梦幻般圆形、椭圆形的镜面前，镜像一样沉落在无底的深度中。动感，是一只迷人而又令人畏惧的套着口罩的美洲野猫，它不停地从一个房间窜游到另一个房间，一再打乱打断谈话的语序和逻辑，整个房间也好像随着它行星一样飘过远方的星座。来访者阿兰·鲍斯克特，一走进达利的房间就进入堂·吉诃德大战风车的狂想。最可疑的是主人达利也客体化为一种符号，不管是装饰青铜面具、骨架、美洲猫和女性乳腰臀腿的符号，还是青铜面具、骨架、美洲猫和女性乳腰臀腿装饰的符号，尴尬是一样的。

其实，早有凡·高油画的空椅子，那是逃离装置的装置，缺席的现场或者在场的空位。就在父亲的书房，凡·高面对过父亲的遗体，四壁的书箱，和一把从此"虚位"的椅子。在狄更斯的书房，狄更斯小说的插图画家洛克·菲尔茨也曾面对过一把永远"缺席"的椅子。死亡的空位，空椅子，这世上有许多空椅子，将来还会更多……空，甚至没有一把留住了不时的风、雨和喜欢在四周徘徊的季节。不过，既然椅子上坐下过多样的人生，而且坐得太久，椅子为什么不空掉他们（她们），为什么不自己望尽一个一个落日，并且靠在火炉旁，半垂下自己的白发拂掉远山的叠雪，开始第二种记忆，或者干脆空掉自己？

有一把凡·高的空椅子就够了，世界很大，再也没有其他《两把空椅子》的位置。这是最真实的空白，因为时间从来不要座位。凡·高的空椅子，一边是死亡，另一边是童年和开始——只要还有童年和开始，那么，太阳还小，襁褓还小。

在同一个太阳下，由宇宙年龄的地球到人生岁月的地球

　　还是那个太阳下的轨道，但是地球变了，在 30 年间变了。就在以色列人用"归来"，而巴勒斯坦人用反义词"逃亡"，叙述他们"家园"的时候，其实，地球人都在"离乡"。人们似乎突然觉察，自己原来是在家的异乡人。

　　虽然还远远不到为地球讣告的时候，但是地球已经自转在经典地理概念之外。南亚的棕云凝重。沙尘暴连年掠过北京的春天，到日本列岛遮蔽太阳。南印度洋的海啸过后，是东太平洋的卡特里娜飓风。而且，地中海两岸，也好像与洪水涌过蓝色多瑙河对称，6 月的雪，在南非的约翰内斯堡飘落。从赤道线上乞力马扎罗山的雪峰，大陆若连若断的冰川带，到地球南北冰雪的两极，都在无声的融化中静听潮涨。不断上升的海平线将逐年改变哥伦布的地图。仿佛发现新大陆就是为了见证陆沉：从哥伦布船队出发的帕罗斯港开始，他停泊过的群岛、港湾和大陆海岸起伏的曲线相继沉没，地理大发现，不过是由他开辟的一条被海洋淹没的航线。而每天传出的物种灭绝报告，也多少有些像是提前预拟的地球葬词。险象后面是凶象。所谓故土，除了地名、姓氏、家族遗风和邻里传闻，天时，物候，连同地平线上的日出和日落，都很陌生。再也没有为候鸟无期花事无时感到诧异的人了，我们好似一半在旧地，一半在去路不明的大迁

徙的路上。

一切产生出来的都一定要灭亡。歌德的浮士德是这样，恩格斯的地球也是这样。也许会经过多少亿年，也许会有多少万代生了又死：但是无情地会逐渐来到这样的时期……地球，一个像月球一样死寂的冻结了的球体，将在深深的黑暗里沿着愈来愈狭小的轨道围绕着同样死寂的太阳旋转，最后跌落到它的上面。到此，恩格斯自然不愿意他的词语也一同落下。也许是为了安慰我们这些后来人，恩格斯把他的词语寄托给一团尚未成形的星云。不灭的物质，虽然在某个时候一定以铁的必然性毁灭自己在地球上的最高花朵——思维着的精神，而在另外的某个地方和某个时候一定又以同样的铁的必然性把它重新产生出来。

我们怎样告慰他？太阳以 n 毫米／年的速度缩小和月亮以 n 厘米／年的速度离去，都不在我们的视线里。如果说恩格斯还是在叙述宇宙年龄中的地球，那么我们就是赶来叙述自己生命年龄中的地球了。地球竟这样从天文数字的宇宙年龄匆匆进入我们的人生岁月。在恩格斯身后，两个世纪的世纪名花，烟囱盛放的黑牡丹和原子核怒放的红牡丹，还没有开败，地球也已经追过我们年华逝去的速度凋败。地球甚至没有后天。

但是地球并不是为了成为坟场才诞生人类。假定人类为地球守陵却首先埋葬了自己，那么守住人类骸骨的地球也不过是陪葬墓地。无人的地球与无地球的人一样是一个假命题。无人，只是为了玛雅文化遗址的荒芜蔓延？为了人去后，人性的名犬，纯种马，富士苹果，袁隆平水稻，和平的鸽子，以及寄生人体的流行病菌和性病毒，被恣意孳生的天敌一一扑灭？为了那些巴特农神庙断柱、罗马角斗场残壁和长城废垣的古老的石头，从此不再凭吊？私藏秘藏的宋版孤本和维多利亚时代的精美印刷，也从此不再失传？为了文明的最后记忆：沉积在土壤和海洋的重金属分子，数千年？风一般轻的塑料薄膜，数万年？泄漏的核放射元素，数亿年？而且，没有人的脚步，也仅仅是为了由立陶宛大公、戈林和斯大林王权承袭的最后一片比亚洛维兹亚原始森林，狂野地越过大炮和旗帜分离的所有国界，重新复活一个巨兽怪兽的亚恐龙纪，等待下一次外星的撞击？想象一个无人的地球与想象一个无地球的人类同样荒诞。

人的地球也只应该由地球的人回答。

人却要到天外肯定自己。越过登月的一小步，从20世纪70年代出发的先驱者Ⅰ号Ⅱ号与旅行者Ⅰ号Ⅱ号探测飞船，大概已经飞离了太阳的边陲。那是4张递出太阳系的"地球名片"：名片是身份的肯定，地球上的智慧生命寻访地球外生命智慧的肯定。就像希腊的童年梦，人在奥林匹斯阿波罗家族的众神幻象上直观自身，同样，20世纪延续的希腊思，也以自己的思想"思想"另一种思想，于是，我们用氢元素分子结构寻找同样读解的眼睛，用电磁波频率寻找同样译听的耳朵，用2进位数学和 $E=mc^2$ 方程寻找同样思维的头脑，也就是说，寻找自己，天上人间，一样是眼睛寻找眼睛，耳朵寻找耳朵，头脑寻找头脑。会说话的智能也自然是语言相遇，地球上55种语言众语喧哗的问候，多声部中还回旋着汉语京声的抑扬、吴语的婉转和粤音如歌的和弦，不怕碰不响第56种语言，碰不响第56种对应的词语、语法和声调。而且，他和她直接袒露在太阳和8大行星光环里的肢体词语，更是一部不用翻译的词典——如果相逢，不管是他选择的美丽还是她选择的雄伟，即使与外星异性的婚姻也不用翻译。但是这一切依旧是以天为镜的镜像。30年，他和她，先驱者与旅行者，还在银河岸去意徘徊，地球也已经对人作出真实的"第一否定"，假如人不能在地球上同样真实地肯定自己，那么抛落天外的地球名片不过是失去主语的呼唤和没有继承人的遗嘱。

先驱者和旅行者的名片上铭刻着地球的地址：太阳与14颗脉冲星的相对位置，一簇放大的凡·高向日葵，临行，还向仙女座处女座的远邻深长一望。因为俄底修斯漂泊，先驱者和旅行者也无疑在继续俄底修斯的海和浪，继续他怀乡的浪游与为了归来的远行。在路上，在到达与离去之间，从哪里来是故乡，到哪里去，其实也是故乡，所以，像希腊的岸永远靠在俄底修斯的舷边，先驱者和旅行者不论抵达哪个星座，也一样停泊自己的太阳湾或者地球湾。不过，如果先驱者和旅行者在百年后千年后归来，地球的地址未变，脉冲星的光华和仙女少女的年华也未减也未老，但是，旧地不再，故人不再，往事的废墟不再，甚至连银杏树的落叶也不再。

其实，也不必等天外的归期。2006 年，夏天，尽管42℃的欧洲离宇宙学的热寂还如此遥远，霍金也已经从他那问到黑洞深处的天问回到泰晤士河岸边的地问。地球怎样了，人类如何走过下一个 100 年？但是地球无语。

我对霍金问的回答是人问。假如不到宇宙史的 150亿年，银河繁星的密度和引力，就不会正好把我的太阳和地球和伴月转动在今天这样的时空方位、远近、轨道与周期里。选定 150 亿年的是谁？假如太阳不是把地球抛在 14959.8 万公里远的阳光下，假如地球再靠近太阳，赤道早就融掉两极的冰雪，热死了夏天；或者相反，太阳再远离地球，两极的冰雪就将漫过赤道，冻死冬天。不能想象没有夏没有冬没有四季的生命，选定 14959.8 万公里的是谁？假如碳核的内部激活点，不是非常在常态之上的 7.653 百万电子伏特，就永远不会合成碳核，碳，有机化合物，地球上就永远不会有第一点绿，第一朵红，第一滴血，第一次摇撼地球的性冲动，第一个呼喊的词。7.653 引人遐思，而非 7.653 拒绝冥想。选定非常的 7.653百万电子伏特的是谁？再假如光速不是 29 万公里／秒，就不会有我的星光月光的诗意，而且最根本的，就不会有与星月同辉的我的目光、灵视与神思，就不会有人与宇宙相同的时间方向与空间维度，当然，也就不会有我的"视通万里"与"思接千载"。29万公里／秒的光速是一切信息的极限。跑不出光速的人，选定29万公里／秒的又是谁？

是谁在无穷数中选定了这一系列常数值，选定了人？又选定人来选定什么？

至少人的追问不能停止在地球上，地球也不能衰败在太阳熄灭之前。至少，从天地与我并生的一系列常数中走出的人类，还没有走回万物与我为一的第二系列常数。天地人常数。我们语言里的意识、自我意识与文字上的记忆，才3000年，与我们未成年的心智做伴，也应当还地球一个同样稚拙的童年：季节还小，风云还小。

世纪日食：假如工具理性的头颅遮断了阳光

还是那个太阳。假如我们工具理性的头颅遮断了自己的阳光，那将是世纪日食。

人似乎在牛顿的地球轨道上错失了自己的道路。尽管在地球外，人已经把自己的身影反照在月亮上，并且还将到火星上去亲历太阳下的第二重轨道，第五个、第六个季节和第三种昼夜，但是，至少在美国的阿富汗战场伊拉克战场，武器遮住了将帅。千里之外，战斧式巡航导弹摧毁了奥玛尔的塔利班烈士旅、萨达姆的共和国卫队和本·拉登无国界的基地，枯骨上武器有声而将士无名。武器遮盖将军的战争让恺撒安东尼屋大维们悲哀。没有英雄，战争从此只见武器不见人，也从此不见海伦们的美丽或者克莉奥佩特拉们的艳丽。

人与工具的位置颠倒了？

好像我们的感觉也随着工具的延伸物质化了。只有找到物质形式的美才诱人。而且，只剩下身体关怀，从她、她们新工具新技术新材料的化妆、整容、隆胸、瘦身的性感形式，到身体对象化的饰品、时装、别墅、轿车的种种瑰丽与华贵，无疑，也是他、他们同样物质化目光的雕塑品。甚至连柔情连缠绵也硬化机械化了，现代美学已经是现代材料学和材料工艺学。

玩物就是现代生活。历物，逐万物而不反（返）的穷尽，与齐物，旁（磅）礴万物以为一的丧我，坐忘、独与天地精神相往来，到玩物为止。美容院健身房休闲胜地等，成了现代人的神庙、殿堂和圣地，供奉自己也消遣自己。古战场，文化遗址，先贤故园和陵园，也仿佛是为了现代人的终生假日和消费历史后设的。玩山玩水玩盗墓的瑰宝玩出土的文物玩异域掳掠的风物与风情，玩，工具技术材料到哪里就玩到哪里，丹尼斯·蒂托、马克·沙特沃斯和克勒格·奥尔森不过是玩三节火箭的宇宙速度和外太空逍遥的第一人第二人第三人。联盟号飞船和哥伦比亚号航天飞机燃烧在天边的两团火焰，早已散成余霞，为什么不玩下去？

而且连人也物化在物与物的普遍秩序中，它与它的秩序中。物化，并非化物，并非庄子式物我同一的化蝶，或者化鲲鹏。物化是一个玩物而不及物的人的悖谬：人在迷失主体的同时迷失了对象，不能到达物的真实生命的真实。物打破了从第二自然回返第一自然的所有梦想。他异化为它，世界从此不再是他"带月""露沾"的肢体形态，也不再是她"眸子的颜色"了。这或许是最后的变形，它，它们。

现代拜物教终于找到了自己的鼠图腾。鼠美倾国。鼠背上无国界的漫游，你尽可以叛逆，反传统，绝尘绝世，但是，你拒绝在场，却依旧在线，你即使失踪了，也没有出离网址，你不过是工具理性无处不在的终端，而且是无限复制的终端。你甚至在编码的数字之外，虽然 > 0，但是永远 < 1。

是工具为你定位：在 0 与 1 之间——工具与人之间。工具把握你的位置就是你的社会位置。你在工具上实现自己完成自己，工具演出了你的身份，角色，价值，直至你的身世和家族的谱系。

工具就是武器，从人使用工具的第一天起，第一把石斧第一柄青铜剑就首先对准了自己。到今天，人不过是人工智能的软件，而且是一批批被迅速淘汰的软件。

一个计算机博士 3 年、5 年的技术青春期，比一个歌女舞女的歌龄舞龄还要短促。屏幕时代无妙龄。据说硅谷的电脑族，他也从不选择她的美貌而只选择她的程序。他与她的倾心交谈在 0 与 1 的 2 进位语言中。于是硅谷的美丽，不是自谢，就是逃亡。智慧的倾斜，偏移，失语的哲学，只好借用物理学的词语。德里达也不得不借用逻各斯的语言反对语言的逻各斯，不得不借用微粒子轨迹的 trace，force，quark，等等，结构他的解构思想。而且，技术高于科学，比尔·盖茨们早已不屑于读完大学本科。男生们提前告别，冷落的大学校园将只留下容易凋谢的红颜苦读寒窗。异化，由人使用的工具反转成工具使用的人？假如这是一个荒谬的真理，上帝创造了最终抛弃自己的人类，人类又紧跟着制造出最终统治自己机器，那么机器呢？

马尔库塞的普罗米修斯就是工具理性的原型。盗火，盗铜，盗铁，盗原子核裂变聚变震撼地球的能量，都出自天性。因为武器是身体的一部分，第 5 肢体，所以希腊神祇战死后也要同自己的盔甲同葬，战斧插在墓前，忒修斯在棺木中也守着连体的长枪和青铜剑。他们即使在墓中，一听到迫近的马蹄声，就重闻自己的盔甲铿锵，战斧生风，长枪和青铜剑自鸣。

铸剑者最后跳进炉中才炼出干将莫邪。铁，因为不能裂变不能聚变沉积在恒星核心的铁，居然溶入水，居然染红了生命之水的一半，血开始流了，剩下的一半，泪也开始流了。由铁至剑，在胸中饲血，在炉中煮血，在战场上饮血，喋血，恒星郁结的铁，终于假借人，假借血与剑、剑与血不断转化的生——死轨迹，把宇宙能量释放为生命能量。假定，恒星的"铁心灾变"，果真沉重到坠入自己崩坍的黑洞，那么人呢，假定不是最后的"空心人"而是最后的"铁心人"？除了铁……

从生命的最深处，我们的灵性上升为神，霸气外化为王，物欲第一抽象为贝，币，资本，行动的意志直接延长为手，手直接延长为工具——武器。对于神，我们找到了宗教禁忌之外的信仰与敬畏。对于王，我们用雅典的公民大会、罗马的共和国和巴士底广场的起义抗衡权力。对于金钱，我们让私人资本增值为专业管理的社会再生产财富。而石器时代，青铜时代，电子时代……一个又一个文明用工具符号命名。所有的历史都是工具史。手与头换位，从用手思想的时候起，我们好像生来就是为了成为工具的工具。

但是我们的生命并不仅仅由工具和工具理性定义，因为还有天道与天运，天工与天择，以及我们自身的天性与天分。当然不能断臂，而且手还在延长，但是，完整的生命还有头脑，心灵，上半身，以及下半身。

在克隆人面前，是重新发现人的时候了。当人也不过是工具的直接产物，不过是生产线上的产品序列，姓、名、氏族的记忆也不过是型号、序号的记忆，我还能在无数相同的面影、身影、背影中找到自己？他还能在互相重复的她们中找到那个唯一的她？她也还能在互相重复的他们中找到那个唯一的他？工具的复制再复制之外，那不可重生、遗传和移植的才是生命的第一义。

那一次诞生也一次死亡的一次生命。连恒星都在死去，生命却垒出了坟。第一片衣体的叶，第一个御风御雨的洞和巢，第一……一个一个天赐、天佑与天启，而坟是生命自悼的寓言。由坟，生命的叙述从来都是对死亡的叙述。如果传说孟子反与子琴张在亡友子桑户尸床旁的编曲，鼓琴，相视而笑，还不过是面对他人的死亡，那么史载司空图生前在自己墓穴中赋诗酌酒的宴游，就是面对自己的死亡了。这简直是对死亡的一次早祭和预祝，是生命悲剧的一场喜剧锣鼓。既然齐物，一生死，他们已经把死看成生圆满的实现与完成，因此，他们这种死亡庆典的张狂，放诞，反而是一种肯定生命的崇高。但是，鼓琴、宴游种种也死去了，坟墓不死。我细胞一样生长着的墓群，埋不下死亡。让埋葬一切而不埋葬自己的坟墓断言，生命的理由比生命的原因更重要。

我们只此一身，一生。一身与一生穷尽世界，穷尽岁月和历史，世界、岁月和历史也同时穷尽此身与此生。时间随此生重新开始，世界在此身重新展开。需要一次他与她天诱的狂欢，为一个天聪的生命赋形——因为需要他或者她新的眼睛直观，新的耳朵倾听，新的手和足抵达从未抵达的边界，新的面貌面对死亡和坟墓。生命，哪管它凄冷的墓园，荒芜的遗址，失传的典籍，湮灭的传闻，以及无人朝觐的圣地，竟敢如此骄傲、如此狂放、如此自洽自戏就此一身与一生近在墓前墓后有声有色地演出，除了天授与天传，除了生命自身每一次都把挽歌重唱成颂歌，还能是别的什么？生命没有绝唱。假如没有我们眼里耳边新的江天，春江花月的春潮花潮月潮，早已潮平，影落，绝响。是的，甚至李白生命的三元素，酒，月，剑，酒月剑中的唐音，唐风，盛唐气象，假如依旧是青春缭乱的华彩，那也不是由于什么文化风尚，忽然风靡李白月下的影，酒中的梦，剑上未酬的壮志，而必定是，哪怕只有一个人，再给李白的月一片更加高阔的视野和天空，再给李白的酒一副更加豪放的胸膛和怀抱，并且再给李白的剑，一个不断应战不断挑战永远出击永远进击的人生。生命是一个未完成过程的继续。生命在生命中，我们就此定义自己的一身与一生：从脚步下走长了也没有走尽的道路，手掌上还未完形还未定型的情人肢体，到一代代改变历史封面的眉宇间的气概与气度。

再把人与工具的颠倒颠倒过来。

有过一个重新发现人的时代。那些在中世纪的宗教禁锢中几乎石化了的欧洲人，曾经重新从希腊石头青铜的残躯断肢上找回自己的生命意识。今天，如果重回他们的佛罗伦萨，我们还能不能够在他们大理石的嘴边呼吸，青铜的头上思想，壁画油彩的眼睛里自认和自我肯定？

他们留给我两个大卫。在米开朗琪罗永远少年的《大卫》身旁，一个时代的生机也萌动在卡拉瓦乔的"自画像"《手提哥利亚头的大卫》上。米开朗琪罗的大卫，不到成年的生长抗拒着时间，非利士人连同无数个世纪溃退了，他的四周是纷纷凋谢的阳光。卡拉瓦乔的大卫预感到衰败在无形无迹地爬上头顶，敌人在自己身上：衰败的头颅就是哥利亚的头颅。他为了再一次青春竟自刎衰老的头颅，在衰残之前。剑锋斜横在胸前，乱发的断头，提着，在抛掉前的一刹。还在滴落的血，使断头、剑和青年卡拉瓦乔的俯看，显得若即若离。那是断绝衰朽的一剑，同一个身体的两个头颅隔剑相顾。在青春与衰老最后对视的瞬间，映着脚下血色中的暮色与曙色，卡拉瓦乔同时在两张对望的脸上凝视自己。

工具理性的头颅老去，再一次卡拉瓦乔式地断头并且扬起大卫20岁的脸？前提是，假如我们还有大卫式的身躯（2008年1月9日，西蒙·波伏娃100年诞辰。西蒙·波伏娃，又一年从"西蒙·波伏娃诞辰百周年巴黎国际研讨会"，从"西蒙·波伏娃妇女自由奖"首次颁奖，从"西蒙·波伏娃桥"——塞纳河第37桥命名典礼，一一隐去了，只剩下《新观察家》杂志封面的西蒙·波伏娃——1952 年转过身去的西蒙·波伏娃背面裸照，长久背对一个时代。鄙弃的，这个时代不值得她面对。亵渎？礼赞？其实，在一个头脑贫乏的年代，不管是只能用波伏娃的身体纪念波伏娃的思想，还是天演的思想也等待美丽身体的怀念，都很不错。只恐在贫乏的头脑下也已经是贫弱的身体。)。

　　工具和工具理性只能在他的手上。我也转身问我的刑天，那个把苍茫和苍老从容弃掷在自己的脚下，双乳上升为眼睛肚脐上升为口，更高地靠近太阳、俯仰和言说的神。

2007.12　北太平庄铁狮子坟

《十月》，2009，NO.2

第三个眼神

第三个眼神

太阳　眼睛

第一个旭日，2000

太阳，眼睛，眼睛，太阳

眼睛与眼睛连成一条日出的地平线

所有语言的太阳，Sun，Soleil，Солнце

叫响一个黎明

太阳在人的眼睛里反观自己

何等夺目，人的眼睛

反观自己看见太阳的眼神吗？

一天 24 小时日出

什么也不曾开始

一切，都已经发生已经命名

还是那个太阳，还是那个地球轨道

还是同一个主语，还是

我们，你们，和他们

纽约

无数双惊恐的眼睛顷刻塌陷一角天空

一角天空顷刻嵌满无数双惊恐的眼神

　　　　那些引爆自己生命的绝世目光

　　　　熄灭了，连太阳也来不及捕捉

　　　　因为死亡从来不转过身

　　　　那是怎样的最后一瞥？投出时

　　　　已成灰烬，它看见过我们

　　　　我们却永远看不见它湮灭的一瞬

　　　　像是阳光隐藏的永久的秘密

　　　　像是旷世未明的暗物质

我从自己的胸膛，听到那声撼动

天边的回响，有多少胸膛就有多少回响

　　　　恐龙灭绝的外星撞击余响

　　　　掩埋庞贝古城的地下板块撞击余响

　　　　广岛长崎废墟的原子裂变撞击余响

第一次人体直接的撞击

　　　　　纽约撞击回响

　　　　　别斯兰撞击回响

　　　　　伦敦撞击回响

　　　　沙姆沙依赫撞击回响

回响撞响回响，没有一响是余响

太阳望着每一双眼睛

太阳寻找第三个眼神

我是什么眼神？问太阳还是问眼睛？

眼睛　眼睛

太阳白热的，凋谢的阳
光，自己看不见的照映

长河幽冷的，流逝的水
波，看不见自己的映照

为了最初的一瞥，水里的火焰
闪动，铁为水，阳光与金石为水

血开始流了，泪也开始流了
她的红潮，他的白浪，她和他寻找的

眼睛，白昼洞开的黑夜
黑夜洞明的白昼，眼睛

早已不再是火，闪耀的目
光，自己看见了的照映

早已不再是水，流盼的眼

波，看见了自己的映照

看——见，同时看见了看与见
看见了看的主语与见的宾语

见，为看，赋形，显影
看，为见，定义，命名

我看见了我的天地，叫出了我的天地
我的天地看见了我，叫出了我

我的身体与天地一体，同体延伸
天地的边际就是我肌肤的边际

万物在我的脸上寻找它的表情
在我的肢体寻找它的姿势

依旧是目光，但是含着笑意的
眼神，从愉，从悦，到狂喜

依旧是眼波，但是穿过泪水的
眼神，从哀，从戚，到悲绝

那是可以凝眸凝视的眼神

可以出离日光，出离星晖和月色

那是可以反观反顾的眼神
可以背对日晦，背对星陨和月缺

从地上长埋骨骸的坟茔
到天际长望而望不尽的眼睛

比极光，比赤道雷电更熠烨
又一双童年的瞳仁，又一双青春的憧憬

只要有一双眼睛在闪烁
就不曾有逝者，逝者的目光

千年的瞩望，千年的回眸
在孤独的眼内，一瞬一瞥

因为看不见自己的看见，盲目
因为看见自己的看不见，极目

是火也是水，目光，目光
回到火，长河流转的太阳

是水也是火，眼波，眼波

回到水，太阳运转的长河

眼睛　太阳

而太阳等来莫奈的早晨
改变了太阳下的颜色，甚至阳光
因为他改变了自己的眼睛

而雷诺阿的眼睛，返照女性人体
阳光流艳的华丽与华贵
那性感的光谱，色韵的音阶

而凡·高的眼睛环顾成近日的赤道
不在他人的光下也就不在他人的影下
孤独，他是自己日出本土的浮世绘

他的 14 朵向日葵，不能再多一朵
明丽得遮蔽几代人的太阳和眼睛
他怒潮到涨破天空的星夜

幽蓝的旋转，喧嚣，碰击
渴求着撞沉今宵的喜悦
他最后的麦地也不近黄昏

抗拒怒卷的暗云，麦芒与光芒一色
浓墨乱点的鸦群，仿佛太阳黑子
自焚自明的黑色的火炬

而曼德尔斯塔姆的黑夜太长了
眼睛，望不穿黑夜的星辰
一双双落进了黑夜，加深了黑夜

嵌在黑夜边上，眼眶延展黑夜的边界
面对生命的毁灭，他们悲悼
教堂白银祭器的词语，自雪

而一个世纪留下最多的
坟墓，纪念碑，亡灵牌位
任何人也不能减去哪怕一个死亡符号

跨过世纪，从渐渐下沉的地带
高高低低，挣扎出 2711 座铅灰色墓碑
支撑坍塌在眼睛里的天空和土地

而有多少破裂的眼睛就有多少破碎的太阳
在破裂的眼睛后面，没有谁在看
在破碎的太阳前面，不在看什么

衰变了，在多孔多瞳多影的眼睛里
太阳碎片，太阳下的变形、错位与倒置
我是什么眼神？问太阳还是问眼睛？

一稿　2001
二稿　2011

词语化石（选章）
1966—1976

　　我 1988 年的《三个文学世纪》有一个片段："直到今天，那些烧成灰烬的诗题仍然在闪烁：1967 年的《我悲怆地望着我们这一代人》，1968 年的《幽燕行》，1971年的《致萨哈罗夫》，1972 年的《黄昏未名湖》，1973年的《登月》，1974 年的《明十三陵》，1976 年的《清明祭》。"

　　扔进火中的还有，1969 年的《佛眼》，1970 年的《彗星》，1975 年的《青铜时代》。

　　那是我逐年写作的编年组诗《1966—1976》。

　　1966 年的《北京古司天台下》，意外地遗忘在一本旧版书里。

　　1970 年的《彗星》重写为 1980 年的《彗星》，阴郁没有变成苍郁，还多少带着忧郁。

　　1973 年的《登月》重写成 1985 年的《最后的月亮》，同一主题的变奏。

　　1975 年的《青铜时代》重写成 1985 年的《青铜时代》，一篇败笔。

　　1976 年的《清明祭》重写成 1979 年的《清明祭》，掩饰了彷徨，但是掩饰不住怯懦。

只是 1976 年的《黑陶罐里清莹的希望》，一直在我的口中回响。

一些没有在火中成烟成灰的词语，化石一样重现在我 90 年代的随笔中。

在自然博物馆，我看见过用石膏镶嵌化石碎片还原的恐龙。我能不能够也用今天的词语镶嵌昨天的词语化石还原，但是还原什么？

我知道恐龙是史前巨兽。高僧才有舍利子。我也有词语化石？允许我在修辞上假装狂傲一次。

1971 雪，致萨哈罗夫

70 年代，年年 11 月 7 日，萨哈罗夫院士冒雪肃立在
普希金广场的铜像前。萨哈罗夫的身姿与普希金的身
姿叠映在雪中。

雪，雪下的 11 月 7 日
铜像前，你的身姿与普希金的身姿
叠映雪，一声无边的静谧
你倾听自己，倾听雪

你严寒时节茫茫的雪意
似水凝固的阳光，阳光凝固的水
从闪耀的第一线光芒
到洗濯的第一沦清漪

从雪到雪，你伫立
在走不出自己纵深的雪域
虽然向东的雪路向西的雪路
没有从你的脚下终止，虽然

从普希金的眼睛望过你的眼睛

依旧没有望见你的明媚的晴雪

来自雪的都归于雪

这是你以雪葬雪的雪祭

似水在阳光里不留余烬

燃烧，自照的白晔

明澈到表面的深度

无影的雪照，不遮蔽也不被遮蔽

似阳光在水里淘尽沉沙

流泻，漫溢的雪色

不淹没也不被淹没江海荡决的浪潮

无岸的雪浪自雪，雪潮自雪

最后的纯粹也是最初的毁灭

雪洁到最容易雪残和雪碎

雪自悼雪转世是雪隔世是雪

雪语霏霏的无边的静谧

似水收回不凋谢的阳光

似阳光收回不流逝的水

我听你雪极无瑕的忧郁

听你，暮色已是曙色的白夜

一稿　1971
二稿　2011

1973 最后的月亮

1973 年，登月的足音天外传来的一刹，我也同步踩落
了自己的月亮。

就在这一夜
阿波罗，一步
最后的月亮，也从我的脚下跌落

失去了，一块逃亡的
            圆
我的白天都在黯淡
唯留下这个月夜，最后的
比沉在唐诗宋词里的
许多月
还要白

月痕，穿透数不清的
黑夜，缀满圆圆缺缺的仰望
突然断落在我的夜里
除了破碎的月影，最后的
都已散失

甚至找不到一枝
桂叶，桂花，桂子

几千年，地球已经太重
承受我的头脑
还需要另一片土地
头上的幻想踩成现实，承受脚
我的头该靠向哪里？
人们望掉了一角天空，最后的
我来跰跰一片多余的大陆

还是伴我走过
一个又一个暗夜吧
眼睛里最后的月亮

一稿　1973
二稿　2003

1974　明十三陵

陵毗陵的十三座陵墓
不过十三次重复，一次死亡
一陵深似一陵的寂灭

十三代挖掘自己的坟茔
阳光都已失色，地下阴影
荒寒了皇座与宫闱

在生前就过着死后的岁月
从地上的一抔黄土，埋葬
坟土从此掩埋生命

却从来没有掩埋死亡
无人问谁收殓第一具遗骸
收殓的第一具遗骸是谁

坟墓黑暗洞明太阳下的定位
这空间第一次纵横的脚步
这时间第一次破晓的眼睫

陵，从陵到陵，到陵
千重汉墓壁，一壁断绝
龙蛇狂野的舞动

舞动狂野的龙蛇
一袭金缕玉衣延长的死亡
青丝，垂落着黑夜

无吻的红唇，无笑
无抚的雪肤，无媚
无性的无羞，无耻，无罪

我的十四陵？自掘
坟墓纵使葬尽掘墓的人
也掘不出尽葬坟墓的坟墓

我的死亡叙述永远临界
面貌与面貌埋下的苍茫
额际与额际延展的天际

手臂，当手臂垂下手臂
在我的手掌依旧没有完型

我的情人肢体的美学

一稿　1974

二稿　2014

乐善桥

邛崃山间，白沫江从天台山近天的峰顶流下，流进岷江，流进长江。

二月三月，春潮的白沫，一江玉碎的水花，流动的霜，漫野的白露，溅洒的梨花雪霰。

流过平落古镇。赭红砂石乐善桥卧在江上，等他，80多年了。清朝早已从桥上走过。从东桥头朝上游，13株古老的黄角树排列在岸边，仪仗一样的，一株一重笼罩江笼罩岸的葱郁，葱郁掩映着葱郁，桥，便浮现在这13重掩映中。等他，桥在引着，而树在隐着。再从东岸往西岸，桥面的新月弧线缓缓抛着，抛过八百尺，九百尺，一千尺，与桥下7孔桥拱的心形抛线，连连，断断，好像有什么藏了一半，又好像有什么露了一半。

1937年夏历8月14日，乐善桥上游，东岸，在第二株黄角树后临江的一户民居里，一个男孩出生了。除了年年将圆的未圆月，一个永远没有最后完成的先兆，好像并不是在回应什么的呼唤。

洪渊，谁第一个叫出这个名字？他出生的时候，父亲在国民党的成都监狱，不满周岁，父亲已经远在太行山抗日根据地。他的童年父亲不在场。

他在白沫江水声中成长，在桥畔成长。

6 年，他的母亲也退场了。听说，她是那个年代的平落镇花（虽然儿子没有看见过母亲美丽的少女时代）。也许是一个高过乐善桥的秘密虚构，以生命的命义驱动两个同乡的同龄人同时走过她的面前，并且以历史的名义同时规定了他们别无选择的角色。他们一个是四川大学学生，地下党员，另一个是黄埔军校学员。她与他们来同祭一个时代之殇：为她，在他和他对决的残损历史里，是她为他和他残损的生命。戏剧无形的幕起落着，当一个北上，在敌后 6 年无音地淡出，另一个从前线有声地南回。像是演员的舞台换位，他们，一个出场的时候是另一个离场的时候，一个缺位的时候是另一个归位的时候。她有了第二个家庭，两个同样破缺的家庭。

6 岁，他跟从祖母，而不跟从母亲。为什么？成年后，他不断追问自己。但是没有人问过他，一个没有母亲怀抱也没有父亲肩膀的男孩，怎样非弗洛伊德地长大？

好像是一个秋寒袭人的日子，他跟随祖父、祖母走过乐善桥，回到西岸的大碑山中。

不到两年，祖父去世。祖父身后是 71 岁加 7 岁的遗孤。带着祖父的遗愿和遗产，他到县城三姑母家寄居上学。四年，等到三姑母败落了自己的家产，连同败落了祖父遗留给他的家业，甚至暗算卖他去学徒，他又跟从谁？

10 岁，他跟随祖母走过乐善桥，第二次还山。

他的 70 岁和 10 岁相遇在桥上

是一座走不尽的桥
他的 70 岁和 10 岁相遇在桥上
70 岁迈着 10 岁的脚步，10 岁的眼睛
在 70 岁的目光里眺望和回望

西岸的山路，石阶，石阶，石阶
上，下，80 岁，6 岁，70 岁
他的第一声脚步，踩响空山
踩响了自己前前后后的年年月月

是 10 岁的脚步向后踩响了 6 岁的脚步声
是 6 岁的脚步声向前踩响了 10 岁的脚步
没有送别，守候，和相逢
只有自己的脚步声跟踪自己的脚步

不管走到哪里，走了多远
也走不出遗落在邛崃山中的脚步声
路，谛听着他的来去
在上一阵脚步声与下一阵脚步声之间

无数的山峰耸峙在这里，为了守护
他的 6 岁，未名的空阔

一个词语前的日暮，一个
没有被悲凉悲伤悲恸叫出叫破的日暮

落日要沉，在最红丽的一刹
落向他，一个幼小的孤独
熔进暮色，熔进
天际，一轮旷世的孤绝

天空沉没了，群山
一山推倒一山，倒下
在同一个高度，沉浮
这一个落日——他的第一次日出

是 6 岁的落日碰亮 10 岁的黄昏
是 10 岁的黄昏碰亮 6 岁的落日
同一个落日印在他的每一个黄昏
一天照映每一天，每一天叠映在一天

是一桥走长了的路
长过白沫江水流的雪霰，白露，和霜
在邛崃山间传响的脚步声里
在邛崃山间的晚照下

很少有哪一个少女的身姿不被乐善桥曲线无情解构

6 岁走过，10 岁走过
他在桥上停步，回步，重温什么
那是偎在桥栏臂弯的感觉？
那是依在桥栏怀抱的感觉？
一条温暖在石头上的线

偎依，母腹内的记忆
婴儿期的第一个姿势
他偎依着、呼吸着、吮吸着的曲线
动脉一样流动在自己身上
没有臂弯里的童年，怀抱里的童年
在石头的桥栏，他寻找回自己
第一个姿势，生命展开的第一条线

他在成长，桥线在延长
同一条偎依拥抱的线在成长与延长
正像偎依与拥抱是一个姿势的两面
从偎依到拥抱不过是一次转身
也就是面向与背向的不断转向
在转身、半转身、转身与半转身之间
从第一个主动姿势，偎依
到第二个主动姿势，拥抱

似乎看不出多少形体的差异，动作的难度
——祝福偎依中拥抱中的人
偎依吧，拥抱吧，偎依拥抱与拥抱偎依吧

浮动在白沫江上的桥线，水线
他的第一个美学符号
江水流多远，桥线就有多长
不论从近旁从远方，在他的视域
如果站在桥上，很少有哪一个少女的
身姿，不被乐善桥曲线无情地解构
无论多少 S 都同样危险
美丽的，敢不敢接受白沫江邀请
走过他的桥上，或者桥畔？

也许白沫江桥在等你，你走来
桥线，水线，又一次因你改变
邛崃山中的落照反照在江间

在桥上转过身让路
去踌躇，去歧途，去陌路

他 70 岁迈着 10 岁的脚步，10 岁的眼睛
在 70 岁的目光里眺望和回望

桥上的范儿太多。他走过去了
没有在谁的肩旁留下，静听水声远去
再多一分惆怅，多一个伤逝者？
水去了，人去了，连桥都已经
被伤逝被惆怅到去伤逝去惆怅了，连桥

走过去，没有在谁呐喊声歇的时候
继续他的呐喊，在桥上
呐喊，没有回声。只有自己对自己呐喊
喊不低天空，喊不落太阳，喊不断流水
喊不停云喊不倒桥喊不沉船
那就喊老自己的面容喊尽自己的岁月
直到，喊掉自己也喊掉呐喊

或者停下来，在谁离去的地方
驻足，回首。无言地沉思
已经有很多的很多的人被这个姿势
摆在路上摆在桥上，再被摆出一次？
最好，也选在雨天，逆光
自己遮住了自己的脸面
眼神和嘴角的含意
一种藏匿中的显露
只剩下一副衣衫说：人在别处

这到底是一种疲乏，倦怠
无形陷落中的无语的认同
还是一种出离，逃离
苍茫独立中的遗世的孤寂
冷色的，一袭风衣垂地
风露下面是风露，风露上面还是风露
当后尘不过是前尘的继续
在那一刻，前瞻和回顾互相取消了
来路和去路也相对逆转了方向。人呢？

不管是家园假设了流浪
还是流浪假设了家园
无家的流浪变成在路上的失踪
这一代不为祖先守陵
却不能不为自己招魂的现代人
不要再问：从哪里来，到哪里去
应当开始问：是家园追踪着漂泊
还是漂泊寻找着家园？找回自己
自己就是自己漂泊的家园和流浪的地址

在桥上，当浪游人转过身
让路去踌躇，去歧途，去陌路
去为承受不起的沉重和沉痛喘息呻吟
由失去家园的古典流浪

到找回自己的现代逃亡

最终颠倒了人和路，并且最后解放了人

邛崃山中的脚步声在他身前身后击响

2010

任洪渊全集

第三个眼神·诗歌卷

汉语红移·理论卷

他走过你面前·自传卷

任洪渊纪念文集

一个人的创世纪（李静 编）

磨 铁 读 诗 会